黃竹坑故事

從河谷平原到創協坊

編著　劉智鵬　黃君健

策劃　協成行發展有限公司

責任編輯　　張煒軒
書籍設計　　鍾文君
拉頁地圖　　協成行發展有限公司提供

書　　名　　黃竹坑故事：從河谷平原到創協坊

編　　著　　劉智鵬 黃君健

策　　劃　　協成行發展有限公司

出　　版　　三聯書店（香港）有限公司
　　　　　　香港北角英皇道 499 號北角工業大廈 20 樓
　　　　　　Joint Publishing (H.K.) Co., Ltd.
　　　　　　20/F., North Point Industrial Building,
　　　　　　499 King's Road, North Point, Hong Kong

香港發行　　香港聯合書刊物流有限公司
　　　　　　香港新界大埔汀麗路 36 號 3 字樓

印　　刷　　中華商務彩色印刷有限公司
　　　　　　香港新界大埔汀麗路 36 號 14 字樓

版　　次　　2015 年 11 月香港第一版第一次印刷

規　　格　　大 32 開（170 × 210 mm）168 面

國際書號　　ISBN 978-962-04-3808-0

目錄

序一

　　黃竹坑是香港島少有適合耕種的自然平原。在上世紀 60 年代前，黃竹坑一帶的居民主要從事農業和畜牧業，為香港市民提供各類食物。到 60 年代初期，黃竹坑由小村落、農場及水上人聚居的地方，發展成工業區，初時以漁業工廠為主，為香港仔一帶的漁民提供魚線及木板等工具。

　　1982 年，香港仔隧道落成啟用，成為南區來往港島北岸的捷徑，加速該區轉型為香港一個重要的輕工業區。在香港製造業的全盛時期，黃竹坑的工廠為數以萬計工人提供生計，推動了香港的經濟發展。

　　隨著時代的變遷和經濟轉型，香港的工廠逐漸轉往內地。特區政府發展局在 2009 年 10 月宣布一系列活化工廈措施，鼓勵業主將舊工廈重建或整幢改裝，提供更多樓面面積以配合香港不斷轉變的社會及經濟需要，從而更好地利用香港珍貴的土地資源。

　　黃竹坑位處商廈供應短缺的港島區，享有良好的交通運輸網絡，而區內的工廈一般樓齡較低，有獨特的建築特色、開闊的樓面、較高的樓底和寬敞的走廊，讓建築師可採用靈活的設計，進行創意和適切的改裝。活化工廈為舊區注入新的動力，作為活化工廈政策的倡議人（前發展局局長），我樂見這些可喜的發展。

　　黃竹坑的蛻變才剛剛開始。未來數年，黃竹坑以至整個南區將會呈現一片新面貌。港鐵南港島綫的通車將會大大加強南區與港九

各區的聯繫。海洋公園酒店已動工興建，而與大家闊別多年的水上樂園亦將重現海洋公園。區內的發展再加上完善的交通配套，定必為港島南區帶來一番新景象，實在令人期待。

《黃竹坑故事：從河谷平原到創協坊》不但詳細記錄了黃竹坑的歷史變遷，亦記載著一個個鼓舞人心的香港故事，實在值得大家細味。

香港特別行政區政務司司長林鄭月娥

2015 年 2 月

序二

　　政府在 2009 年 10 月宣布一系列活化工廈措施，利便舊工廈重建或整幢改裝，提供更多樓面面積以配合香港不斷轉變的社會及經濟需要。措施自 2010 年 4 月 1 日起實施，申請限期至 2016 年 3 月 31 日止。截至 2014 年 12 月底，地政總署在活化工廈措施下共收到 145 宗申請，當中 105 宗已獲批准，而其中的 69 宗已簽立土地文件。

　　工廈是社會重要的資源。善用工廈，發揮其最大效用，能為工廈以至周邊地區注入活力，帶動社區的活潑發展。

香港特別行政區發展局局長陳茂波

2015 年 1 月

序三

　　我自幼居住在南區，黃竹坑有我家的回憶：兒時爺爺帶著我們到珍寶海鮮舫出席盛宴；和藹的長輩以自家製作的手打魚蛋招待孩子們；父親領我們兄弟姐妹到鄉村俱樂部旁邊的巴黎農場，看雞、看鴨、種菜……那時候黃竹坑樸素多了，另有一番漁村風情。

　　後來我加入了家族企業協成行，才知道黃竹坑和我家的淵源多特殊。協成行成立於 1948 年，我們早年經營中國土產出口貿易。到了 1950 年代中公司開始買地投資，第一批買入的地皮當中就包括了黃竹坑的一個地段。我們從政府開地拍賣中以三元一呎投得黃竹坑道 33-35 號地段，開山興建工廠。經營過膠鞋廠、工廈出租，到後來翻新成工貿出租及現在工廈活化，算是見證了黃竹坑區的轉變。

　　黃竹坑是個有趣的地方：它既是香港島的主要工業區，又集住宅、學校等社區配套於一身，更有主題公園及海鮮舫等旅遊景點作招徠；區內的傳統工業式微，卻令藝團工作坊、畫廊等在舊工廈中應運而生；它既自然而成，同時又充滿活力。港鐵南港島綫通車在即，意味著這個區域即將有翻天覆地的轉變，在這個時代的轉折點，我希望能好好記錄黃竹坑的故事：它的源起，和不斷的轉化。

　　自祖父輩起，我們便謹遵「飲水思源」之道，致力貢獻社區，回應社會訴求，為藝術家及年輕創業家提供租金相宜的藝術空間及創業基地。集團捐出「Genesis 創協坊」10% 的空間以支持年輕

藝術家、創業家及其他非牟利機構。香港藝術發展局的「ADC 藝術空間計劃」以市場租金三分之一租出 12 樓全層約 10,250 平方呎。香港青年協會亦落實以同樣的優惠租金租用 8,254 平方呎，協力推動年青人創業。另外，協成行亦將一個 2,000 多平方呎的單位租給東華三院，用作教授年青人攝錄技術的工作坊，以助年青人就業。我們預期「Genesis 創協坊」將凝聚更多年輕創意正能量，重新煥發活力！

　　我深願這本《黃竹坑故事：從河谷平原到創協坊》，能系統化地記錄區內各種特色，成為珍貴的社區資源。

協成行發展有限公司董事總經理方文雄
2015 年夏

前言：了解黃竹坑的八個關鍵詞

　　黃竹坑是位處香港島繁華鬧市後山的一片小平原，從來是尋常人家的安居之地。政府於 1950 年代開始在黃竹坑大興土木，對當地的地貌、建築及居民帶來持續不斷的影響。從此，大量新興建設相繼在區內出現；舊有的景觀亦逐漸變得面目全非。一些曾經在此地盛極一時的事物，卻轉眼在區內式微，甚或消失得無影無蹤。在蛻變的過程中，黃竹坑承載了形形色色的不同故事，但卻沒有一個故事能夠將黃竹坑說得圓滿，足以讓人了解這片土地的前世今生。

　　要了解一個社區的過去，最直截了當的方法莫過於走訪區內不同的團體和組織，與資深的居民、商店老闆、工廠東主、學校校長等持份者共話當年。在訪談之間，拿出一幀老照片或一份舊剪報，每每可引發出更多的軼聞趣事，對重組社區歷史往往會產生意想不到的效果。口述歷史與歷史文獻只要配合得宜，個人回憶與檔案記錄不但能互相印證，一段段色彩豐富的歷史場景亦能活現眼前。

　　本著這種想法，本書除了盡量翻查相關的原始文獻與圖像，亦邀得區內各方友好分享個人在黃竹坑的生活經驗。在口述與文獻資料的融合下，一幅絢麗多彩的黃竹坑歷史畫卷於焉開啟。為使讀者容易把黃竹坑的主要歷史場景聯想成一幅幅活生生的圖像，本書採用了電腦世代最常用的關鍵詞搜索的方式，以八個關鍵詞把黃竹坑化整為零。這些關鍵詞是河谷平原、古村落、早期建築、工業區、公共房屋、休憩與娛樂、商貿區及活化工廈。

事實上，將這八個關鍵詞順序排列就能由黃竹坑的遠古年代一氣呵成地走到今天。讀者從黃竹坑的地理環境與古舊聚落入手，可以從中理解早年建築的時空背景；然後看到在政府的規劃下黃竹坑工業區、公共房屋及休憩與娛樂設施之間的互動發展；最後看到黃竹坑絕處逢生，如何在開闢商貿區及活化工廈政策的滋潤下，為舊社區注入了新動力。

請展開這幅歷史畫卷，讓我們一起重溫黃竹坑千百年來走過的歷史足跡。

1 河谷平原

　　黃竹坑的發展，與其地理環境及資源有密不可分的關係。黃竹坑地勢平坦，位處香港島南部。由開埠至 1960 年代，黃竹坑先後發展成為本港重要的漁業、農業及工業地區。

黃竹坑的地理位置
與地名由來

　　黃竹坑是香港島南部一處平坦的陸地。這地方究竟最早在甚麼時候進入人類的文明之中，以目前可見的文獻紀錄和考古發現來說，似乎難以斷言。不過，1983 年在南風道北一條乾涸小溪旁發現了一塊古代石刻，卻又可以為黃竹坑的前世增添一抹立體的遐

1.1

黃竹坑石刻

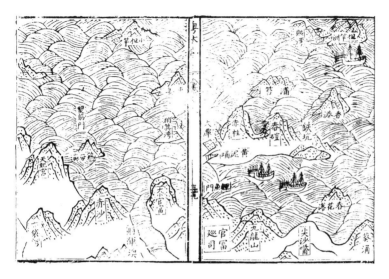

《粵大記》內的
〈廣東沿海圖〉

想。黃竹坑的石刻與長洲、龍蝦灣、蒲台島的石刻相似；石上刻有
三組鳥獸圖案和螺旋紋飾，與中國先秦時期的陶器和青銅器紋飾有
類似之處。於是，黃竹坑這地方就可推斷有至少二三千年的歷史深
度，值得香港市民格外重視。有趣的是，香港同類型的其他石刻全
部豎立於海邊，黃竹坑的石刻卻距離海岸線一公里之遙；在沒有新
證據或者新想法出現之前，看來發現石刻的南風道小溪就是古代黃
竹坑的海邊。

　　黃竹坑的石刻為這地方作出了重要的歷史定位，並於 1984 年
被列為法定古蹟，可是卻沒有為黃竹坑解開身世之謎。黃竹坑的名
稱由來沒法在石刻上找到任何線索，也從來沒有文獻可考。明朝萬
曆年間成書的廣東地方志書《粵大記》附有一幅海圖，圖中香港地
域部份有今日香港島多處地名，「香港」與「春磡」之間有一處名
為「鉄坑」的地方，或者可以為黃竹坑的得名提供一點線索。據當

南區的界線

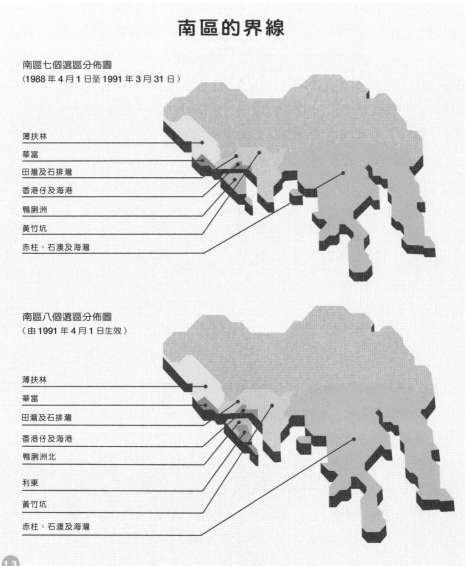

南區七個選區分佈圖
(1988 年 4 月 1 日至 1991 年 3 月 31 日)

薄扶林
華富
田灣及石排灣
香港仔及海港
鴨脷洲
黃竹坑
赤柱、石澳及海灣

南區八個選區分佈圖
(由 1991 年 4 月 1 日生效)

薄扶林
華富
田灣及石排灣
香港仔及海港
鴨脷洲北
利東
黃竹坑
赤柱、石澳及海灣

1.3

1990 年代初南區選區分佈圖
(資料來源：南區區議會)

地人的説法，新圍村有一條俗稱「大水坑」的小溪，溪邊長滿金黃色的竹枝，黃竹坑因而得名。這種説法雖然沒有文獻佐證，但絕非信口雌黃，地方以地理特徵為名的例子多不勝數。黃竹坑除了名稱難以確切考證之外，它的地域範圍也從來沒有清晰的界線。其實香港自古以來的村落或者地方都沒有準確的範圍，黃竹坑這種情況可謂十分普遍。1980 年代初香港政府推行地方行政計劃，終於以行政力量首次為黃竹坑劃出法定的地域範圍。根據 1981 年的南區選區分佈圖，黃竹坑背靠香港仔郊野公園，前面以深灣道海洋公園為界，東西兩邊則從淺水灣道與春磡角道交界伸延至漁光道蒲窩青少年中心。1988 年政府修訂南區選區劃界，將黃竹坑的地域範圍縮減至東起南風徑，西迄漁光道，南至深灣道，並一直沿用至今。

戰後至 1960 年代的
土地利用

1960 年代以前，黃竹坑大約有 100 英畝土地，其中除了幾畝緩坡，其餘都是平地。黃竹坑這種地理條件當然無法和新界地域相比，但在香港島上已經是難得一見的良田，十分適合居住和耕種。傳統上香港的農業以種植水稻為主，但佔黃竹坑總土地面積約一半以上的農地卻主要生產副食品，其中又以種菜為大宗。根據 1960 年代的考察報告，黃竹坑有 15 個農場，包括舊圍村後方的麗園農場和寄園農場、下方的震旦農場；香港仔隧道口位置的香港雞場和香港農場舊場、上方的甘田農場；黃竹坑安老院旁邊的香港鴿場和綠洲農場；新圍村附近的香港農場新場和鳳記農場；以及海洋公園入口附近的新巴黎農場。這些農場主要種植蔬果，養殖豬、牛、

1945 年 11 月黃竹坑鳥瞰圖,可清楚看
到當時黃竹坑有一條大河涌。

1.5

1970 年代，黃竹坑陸續出現新建設，但沿黃竹坑道兩旁仍有大量農田。

雞、鴿等,為本地市場供應多種副食品;其中以新巴黎農場和香港農場規模最大,共佔約兩英畝土地。

黃竹坑除了農田,永久使用土地(如新、舊圍村等永久性建築物)和現代住宅用地也是主要的土地用途,分別佔土地總面積的11% 和 8%。歷史的沉澱和社會的發展為黃竹坑的房屋帶來外觀錯落的面貌。這裡的住宅可以分為高級住宅、村屋和寮屋三類。高級住宅大多位於壽臣山路,建築年代以 20 世紀中後期為主。石屋是原居民的住宅,分佈在香島道和黃竹坑徑附近,有些舊建築的歷史可以追溯到清代。寮屋是戰後香港遍地開花的臨時建築,一般會在原有村落的地域自然發展,黃竹坑也不例外。無論是磚石砌成的原居民住屋或者以鐵皮木板搭建的寮屋,都各有自家的設計,戶戶不同,唯一的共通之處是所有房屋內都沒有水廁!在現代城市規劃面世之前,這種自然聚落已經存在了超過一個世紀。現代的步伐在這些老舊房子的邊上急促走過,沒有留下多少文明社會視為理所當然的社區設施。可幸這裡的居民早就學會自給自足,一枱麻將或者一副紙牌就是農閒工餘的最佳享受。村內小孩的童年回憶除了來自黃竹坑徑的黃竹坑小學和新圍的教會學校,也來自村後的山水之間,那是他們偌大的一片天地!

當代的黃竹坑在政府的規劃上是以工業發展為主要產業的新興社區。然而,1960 年代以前的黃竹坑只有 1% 的土地用於工業,根本説不上有工業發展。那時候在黃竹坑徑旁邊有一家香港建設服務公司,使用青洲英泥和中國電燈公司的焦炭和煤灰製磚,算是區內頗有規模的工廠。到了 1960 年代初,亦只有少數山寨廠和漁業工場選擇在這裡開業,生產魚絲和木板等漁業用品,就近供應給香港仔的漁民。

1960 年代，上千隻漁艇泊在黃竹坑河的涌尾。

農民、漁民和
其他主要建設

　　黃竹坑早在開埠初期已經有馬路連接當時的維多利亞城和深水灣。這條香島道橫跨黃竹坑地域，將黃竹坑分為上馬路和下馬路兩部份。上馬路部份是香港圍舊村和新村的所在地，人口和建築物都較為稀少；這裡的大片農地遍佈大小農場，包括當地的農業大戶新巴黎農場和香港農場等。下馬路部份的主要範圍是現時香港仔工業學校一帶。這裡農地不多，而且位處狹窄河道的下游，大雨過後容易引發水浸，難以耕作。不過，下馬路較接近香港仔，不利農業操

作的土地正好為當區的發展提供空間。早期在這裡興建的兒童工藝
學院（香港仔工業學校前身）是帶有地標性質的建築，也是戰後香
港仔和黃竹坑人口日益繁衍的城市印記。這個地區當年只有班次稀
疏的巴士往來，如今已是車水馬龍，繁囂一如鬧市。

　　英治時期的香港流行一個說法：香港本來是一條小漁村云云。
誠然，開埠的時候香港島上漁民的人口比農民要多，其中香港島西
南部更是漁民聚居的熱點，他們分佈在黃竹坑河涌至香港仔海岸一
帶。漁民流動性強，對政治變遷十分敏感，而且反應極快。辛亥革
命之後內地政局動盪，香港的漁民人口隨之不斷上升；1949 年中
華人民共和國成立前後，內地的漁民又大量湧進香港。無論是甚麼
年代，香港仔和黃竹坑都是外來漁民的主要目的地。為了解決漁
民的生活，政府早於 1940 年代開辦魚類統營處，以協助漁民重建
船隊；建立魚類批發市場；資助漁民改善漁船設備；並且開辦漁
民學校教育漁民子弟。在香港仔與黃竹坑這片相連的土地上，漁民
和農民雖然扮演不同的角色，但彼此互通有無，唇齒相依。漁民會
帶著海產到黃竹坑河涌一帶交換白米、果菜之類的東西，並且替農
民把農產品運送到南丫島、西灣和赤柱等地。水上餐館太白海鮮舫
和海角皇宮就近在香港仔避風塘接收新鮮的漁獲，是漁民生計的
重要保障。1960 年初春，黃竹坑涌尾士丹頓河口一帶艇戶發生一
場大火，密集的船艇令消防部隊束手無策。事後政府決定在香港
仔填海，以人造的空間紓解黃竹坑和香港仔海上的擠塞情況。在
1957 至 1962 年之間，香港仔的艇戶數目高達 2,000 艘，人數有
25,000 之多。一艘艘漁船並排停泊在海灣，是當年中外攝影家朝
暮嚮往的沙龍。在休漁的日子裡，這邊長岸輕拂的海風伴著晚唱的
漁歌，是香港譽滿中外的一道美麗風景。

② 古村落

　　黃竹坑早在二百多年前已有人聚居，並形成村落。根據文獻記載，香港圍於清代已屹立於此地，村內居民以務農維生，至戰後初期仍從事農業生產。直至 1970 年代，為了配合政府地區發展的計劃，香港圍才被陸續清拆。

「香港圍」與 「小香港」

　　黃竹坑最精彩的地方特色是這裡有一處聚落與「香港」的名字息息相關。「香港」這名字最早出現在明朝萬曆年間編撰的《粵大記》所附的〈廣東沿海圖〉上。這張海圖從西至東記載了現時香港島的主要地名，分別是香港、鉄坑、舂磡、赤柱、大潭、稍箕灣和黃泥涌。香港是一個小島的名稱，其餘地名置於同一個較大的島上。對照現時的香港地圖，上述海圖所載的名稱之中，以香港和鉄坑與黃竹坑的關係最大：明朝的香港應該是今日的鴨脷洲或者香港仔，鉄坑應該是今日黃竹坑與深水灣之間的海濱地區。

　　從歷史的另一個角度看，明朝時期香港及鄰近地區的莞香產物會運至石排灣，然後轉運往外地；「香港」一名的由來極可能與這業務有關。《粵大記》成書近百年之後，清朝康熙年間編纂的《新安縣志》記載了「香港村」一名，位置在五都範圍。從明萬曆年間

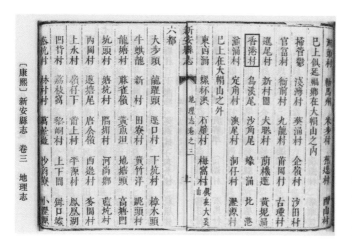

2.1

《新安縣志》中有「香港村」的記載

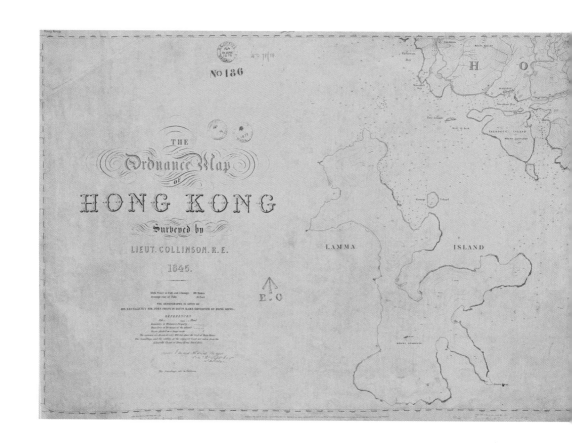

2.2

1845 年，譚馬士・歌連臣繪製的香港地圖（局部），
當中顯示出史丹頓谷與香港圍的位置。

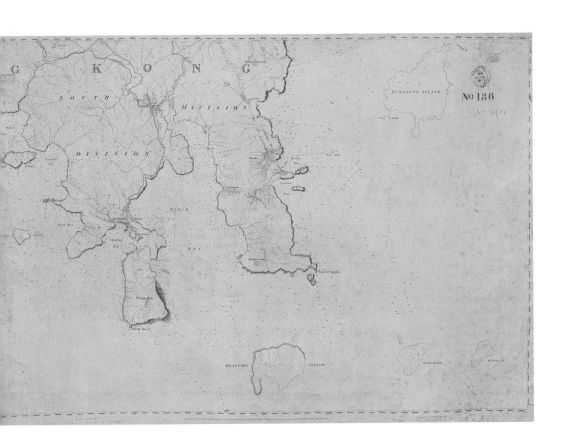

的香港到清朝康熙年間的香港村，中間究竟發生了甚麼事情，文獻沒有記載。可以肯定的説，黃竹坑這地方早在二百多年前已經有人在這裡聚居，還用上「香港」作為鄉村的名稱。1866 年印行的《新安縣全圖》在今日的黃竹坑地域標上「香港圍」，這香港圍極有可能就是康熙年間的香港村。

　　「香港」這名字到了晚清至近代，又出現了有趣的變化。在黃竹坑填海發展前，香港圍附近有一條名為「士丹頓谷」的河涌。1816 年，英國政府派遣東印度公司的喬治‧士丹頓（George Staunton）陪同阿美士德（Lord Amherst）到廣州出使中國，途中曾經到過香港西南部多個地方，當中包括黃竹坑河涌一帶，因而後來以「士丹頓谷」命名該處，以紀念士丹頓的功績。在 1845 年英國測量師譚馬士‧哥連臣（Thomas Collinson）繪製的香港地圖中，已將黃竹坑河涌稱作「士丹頓谷」（Staunton's Valley），並將與之毗鄰的聚落稱為「香港」（Heong Kong）。19 世紀中期，香港政府文獻經常將香港圍稱作「小香港」（Little Hong Kong），直至 1898 年編印的政府地圖，仍然以 Little Hong Kong 標示香港圍。至此，曾經是村落或海島或海濱名字的「香港」升格成為整個大島的名稱，香港圍作為一條細小的村落，可能只配用上「小香港」的名稱吧！

　　無論政治如何轉變，香港圍一直屹立於黃竹坑，並且在香港開埠前後成為外國人熟知的一處地方。19 世紀上半葉，不少外國商船會停泊在黃竹坑香港圍對出的海面，再到雞籠環一帶取淡水，即哥連臣地圖中的「瀑布灣」（Waterfall Bay），並到香港圍向農民購買糧食。香港圍除了發揮補給作用，亦於開埠後吸引不少外國人到來參觀，一睹中國宗族農村的風貌。香港圍附近有一處石灘，海

水清澈乾淨，吸引不少外國人到來度假。香港圍附近亦算山明水秀，是行山的好去處，旅客可以從這裡經不同路線到達深水灣或者跑馬地，甚至遠至香港島各處。

戰前居民生活

香港圍分為舊圍與新圍。舊圍位於黃竹坑一個山坡上，地勢較為險峻，四周沒有圍牆保護。舊圍是周氏建立的鄉村，他們的先輩以務農維生，早於乾隆二十四年（1759）由廣東移居至此地，屬香港四大族群中的「本地」人。香港開埠不久，舊圍家族人口漸多，部份族人遂於 1860 至 1870 年間移居至其他地方組織新村落，當中遷至黃竹坑濱海一帶定居的村民形成了新圍。新圍位於舊圍山坡對面的一帶平地，地勢平坦，適合梯田耕種。根據政府人口統計，香港舊圍和新圍二村於 1891 年合共有 215 人，至 1901 年則增至 310 人，及至 1921 年更增至千人以上。

香港圍自成一角，與香港島各處聚落來往較少，居民過著自給自足的生活。新舊圍二村出產稻穀、芋、薯之類農產品和牛羊等禽畜，產量高於香港仔一帶的農民，因此可以把多餘的農產品出售。19 世紀末，政府開始回收香港圍部份農地，自此產量陸續減少。

戰前黃竹坑對外交通主要依靠一班來往香港仔和赤柱的街坊汽車；由香港仔大街開出，途經香港圍、深水打波樓（即香港高爾夫球會）、淺水灣酒店，最後抵達赤柱；車費由一毫五仙至二毫五仙不等。在那個生活簡樸的年代，這個公共運輸系統似乎已經足以照顧港島南居民的需要。可惜這街坊汽車每日只開出兩班，居民要計算好出入的時間。至於前往南區以外的地方，則需步行至香港仔大

1970 年代，香港圍的居民主要仍以務農維生。

1960 年代,香港圍農村互助會選任證書。

街乘搭來往香港仔與西營盤的街坊汽車。這條路線途經華人永遠墳場、雞籠灣墳場、薄扶林差館、鋼線灣牛奶公司、大學堂前,最後以西營盤差館為終點站。這班車設頭等座位,車費由二毫五仙至三毫不等,也有夜車班次服務。每逢星期六、日,這裡有兩班特別的街坊汽車來回西營盤和赤柱,車費四毫。

戰後發展

戰後香港重光,政府開辦蔬菜統營處協助農民重新耕作,還有市場銷售服務作為配套。但香港圍村民為免蔬菜價格受政府控制,沒有加入統營處,並於 1946 年自行組織黃竹坑農村互助委員會管

理村內農作物，然後按實際收成自定蔬菜價錢。農助會負責記錄農產品種類和出售數目，又協助村民研究各種種植方法以提升村內的生產力。農助會亦替村民解決其他與農業相關的問題。例如在1950年代，社會十分關注使用非法殺蟲劑的問題，黃竹坑農產品的銷售曾因此大受打擊。為使市民對當地的農產品恢復信心，農助會為香港圍村民澄清有關傳言，事件最終得以解決。在農助會積極推動下，香港圍的優質農產品可以在跑馬地等高級住宅區以高價出售，其他的農產品則會以貨車運至堅尼地城的政府蔬菜市場出售。蔬菜市場會向農民收取逾一成的佣金，津貼各地蔬菜市場的營運。

戰後大量內地人口移居香港，不少人在山邊搭建寮屋或者向村民買地建屋居住。自1950年代起，香港圍一帶的寮屋規模日漸龐大；未及十年，新舊圍兩村人口已經增至六百多戶共四千餘人。有了外來的人口在村的周圍居住，村民亦逐漸習慣與寮屋部門來往，以管理已有的寮屋和預防新寮屋的出現。

新舊圍村的小孩大多到私立的黃竹坑小學上課，入讀學校准予開辦的一至三年級，學費每月五元。學生完成三年級課程後就要轉至香港仔其他學校升學，較受歡迎的有培德小學、務實小學及炳文小學等。早期交通不便，學童大多要徒步到香港仔上學，偶爾能夠搭上順風車，就算是莫大的幸運了。

香港圍與地區發展

1949年，香港圍的土地契約陸續到期，政府有意收回土地作其他發展。1955年，政府有見黃竹坑的工業發展開始發達，預計人口將隨之而增加，遂有意將香港圍一帶工地發展成一個獨立市

2.5
....
周壽臣是黃竹坑香港
圍土生土長的居民

鎮。翌年，政府決定在黃竹坑開闢工廠區，並清拆部份舊圍房屋以興建新設施。在新的城市規劃的影響下，香港圍的農產品產量持續下降。

　　1970年代中期，政府為興建香港仔隧道，再次大規模回收香港圍的農地。新圍居民因此感到相當徬徨，於是有部份人組織起「護村臨時委員會」，要求政府照顧村民。最終政府回收並清拆約五百間建築物，包括房屋、店舖、工場、魚塘、豬欄、雞屋及農舍等。受影響的居民則獲安排入住公共房屋。

香港圍名人

　　香港圍位處港島南端一隅，人丁未算鼎盛，卻出了一位在香港近現代史上舉足輕重的華人領袖周壽臣。周壽臣於舊圍出生，後來

因為舊圍地方不足而遷至新圍。1874 年，周壽臣赴美留學，回國後當過清政府的官員，於仕途如日方中之際回港發展。周壽臣在香港任職於不同公司或機構的管理層，計有香港電話公司、香港電車公司、香港電燈公司、香港油蔴地小輪公司、南洋兄弟煙草公司和屈臣氏大藥房等。

　　周壽臣在香港政商兩界八面玲瓏，亦不忘推動黃竹坑的地產事業，造福鄉里。1920 年代，政府預計土地將不足以支持香港的發展，於是計劃開發港島市中心外圍和郊外的土地。1922 年，周壽臣與一眾華人領袖向政府提議將黃竹坑區發展成度假別墅，順利得到政府同意，結果黃竹坑其後出現了不少娛樂設施。1924 年，周壽臣和合夥人購入黃竹坑淺水灣 245 地段興建西式別墅，漸漸令

新圍十號今貌

該區發展成為中西區以外的高尚住宅區。其後，政府為表揚周壽臣對香港作出的重大貢獻，將黃竹坑與深水灣之間的山頭命名為「壽臣山」。

周壽臣對推動黃竹坑的教育事務亦不遺餘力。1921 年，周壽臣和劉鑄伯等人有見香港中等家庭的清貧子弟欠接受教育的機會，遂提議開設兒童工藝學院讓失學兒童習得一技之長。同年，周壽臣和其他華商領袖向政府申請土地，至 1930 年終獲批黃竹坑一地興建校舍。此後周壽臣夥同其他倡議人四出籌備資金，最後得何東、鄧志昂和馮平山等富商捐助而建成校舍。周壽臣更挺身出任創校校董，直至離世。

新圍十號

黃竹坑過去逾半個世紀的發展為新舊圍的面貌帶來翻天覆地的改變，可幸新圍村內仍保存了一座傳統建築物，即原屬周壽臣家族的新圍十號。新圍十號是二級歷史建築，是香港島上少數保存良好的中式傳統房屋。新圍十號設有木柵大門，硬山式屋頂鋪上瓦磚，正脊、頂梢和簷邊有寓意吉祥的裝飾。牆壁則以麻石堆砌，並加上青磚，結構十分堅固。新圍十號業主於 1992 年以 300 萬港元將業權轉予政府；政府三年後為房屋作大規模修葺。2013 年起，新圍十號每逢星期六、日及公眾假期開放予公眾參觀，成為黃竹坑一處別具意義和特色的景點。

3 早期建築

黃竹坑在 1960 年代大興土木以前，區內的早期建設主要由天主教會、政府和地區人士共同開發。天主教會不但在這裡建立了聖神修院和聖瑪利安老院，而且又和地區人士合作創辦香港仔工業學校。政府的主要建設則有葛量洪醫院和警察訓練學校。

聖神修院

早於 1841 年，香港教區的神父和修士已經跟隨著英兵登陸香港，其後更於堅道興建大堂傳道和培訓修生。1941 年香港淪陷，

3.1

1930 年代，剛落成不久的華南總修院。

聖神修院今貌

修院停辦，並於戰後遷址新界西貢。1957 年，修院在巴黎外方傳
教會捐贈的薄扶林道 180 號地段開辦新院，作為培訓本地天主教
修士的基地。幾年後，聖神修院擴充院務，搬到香港仔黃竹坑惠福
道華南總修院舊址。

　　華南總修院於 1931 年成立，由華南地區多個教區合辦，並由
愛爾蘭耶穌會神父管理。總修院內的修生以來自華南地區的廣東人
為主。修讀神學及哲學的 11 位修生於 1934 年畢業後，成為第一
批由總修院培訓的神職人員。其後約三十年間，總修院一共為華南
地區培訓出四百多名修士，貢獻甚大。到了 1964 年，總修院卻因
為內地壓迫傳教活動而無法運作。教廷傳信部於是解散華南總修
院，由香港教區接管院址，並改名為「香港大修院」。這時候，位

於薄扶林道的聖神修院由於修生過多而難以運作，於是趁此機會遷入華南總修院原址。

在院長唐多明神父領導下，遷址後的聖神修院業務蒸蒸日上，並於 1970 年成立神哲學院；三年後更將神哲課程轉為公開教學，讓更多修生和教友報讀。1974 年，羅馬傳信大學和香港教區達成協議，向聖神修院完成指定神學和哲學課程，並於特定考試中取得優異成績的畢業生頒授學士學位。1976 年，修院進一步發展，於公教推行社增辦校外進修課程。1989 年，修院又開辦夜間神學學位課程。聖神修院多年來不但培育出大量神職人員，並且開辦神學碩士及神學、哲學和宗教學學士課程，學位受多國政府承認，成績斐然。

聖神修院於戰後取錄了不少來自內地的修生，當時修院的主要用語是國語。到了 1960 年代，內地修生逐漸減少，反之香港修生則愈來愈多。1980 年代，修院又變成一所國際學院，修生的國籍變得愈來愈多元化。至於修生的學歷起點，也從早期的中學生，變為 1970 年代的高中畢業生。

修院的生活簡單而有規律，修生每天早上六時半到聖堂默想、做彌撒和上早課。吃完早餐之後，九時上課，下午一時吃午餐，二時至四時再上課，課後可以處理院務和自由活動。五時半是修生下午祈禱的時間，完成後吃晚餐，飯後觀看錄影新聞，八時後才可以自由活動。星期六、日如果沒有牧民工作，可以回家或外出娛樂。

聖神修院以往每年定期開放，使外界更了解聖召培育的事務。時至今日，由於修院內的修士需要寧靜的空間進修，修院極少對外開放。

聖神修院的設計融合了中國和意大利兩國的建築風格，但因經

費不足而只能完成一半的工程。修院南殿西端有一幅中西合璧的壁畫，是一名對道家有研究的畫家和一名基督徒畫師的合作成果。修院想藉此提醒修士擁有雙重身份，肩負將基督帶給中國同胞的責任。

香港仔工業學校

1921 年，香港華人領袖周壽臣、劉鑄伯等看見家境困難的孩童因為失學而無一技之長謀生，於是向華民政務司夏理德提議設立一所兒童工藝院。一年後政府表示贊同計劃，但要延至 1930 年才批出香港仔大成紙局舊址作為興建學校之用。

「香港仔兒童工藝院」於 1932 年動工，三年後建成，建築費用 40 萬元全數由社會募集。香港仔兒童工藝院由慈幼會管理，至 1952 年更名為「香港仔工業學校」。學校是樓高三層的建築，設有工場、宿舍和課室等。半數學生自費就學，其餘學生則由校方資

1935 年的香港仔兒童工藝院

1954 年香港仔工業學校
裁縫工房

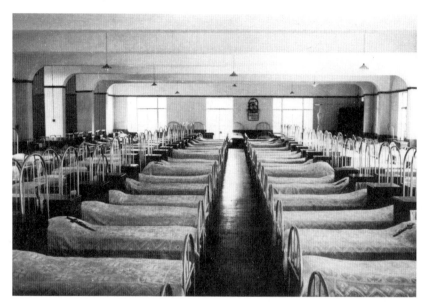

3.5

1960 年代香
港仔工業學校
宿舍

3.6

香港仔工業
學校今貌

助。這裡除了招收學生，也曾經接收警務處送來的頑童，每年 50名。後來經家長反對，懲治頑童的學額於戰後取消。

太平洋戰爭爆發前，學校提早放假，並且遣送留宿的學生回家。日軍攻打香港的時候，皇家海軍徵用學校作為海軍宿舍，部份校舍其後受戰火破壞。英軍投降後，日軍把學校改成輔助醫院、哨站和水上飛機基地，直至 1945 年 9 月 1 日撤離為止。

香港仔工業學校是中小學一條龍學校。小學部有一班小五和兩班小六，中學部則有中一至中五級各兩班，全校只有三百至四百多名學生，全部在校寄宿。小學生稱為「讀書生」，只學理論；中學生是「工藝生」，必須到工場實習。1973 年以前，中學生每天早上上課，下午就到工場實習，後來增加了上課的時間，工場實習的部份減至一星期兩個下午。

1960 年代是以手藝謀生的年代，香港仔工業學校是順應時代的產物，自然大受歡迎，那時候 30 個小學學位竟然引來一千多人競爭。校方迫於形勢，於是計劃擴建，終於排除萬難，在 1980 年建成新校舍。1970 年代後期，學生數目愈來愈多，而且大多來自附近的屋苑，於是校方只分配宿位予小五、小六、中一及中二的學生寄宿，中三至中五則酌量分配 20 個宿位。到了 1980 年代，社會上已有充足的小學學位，校方於是取消小學部，將中學擴展至每級五班，並加設中六、中七兩班，成為共有 29 班的標準型中學。

香港仔工業學校的歷史道路其實相當曲折。1960 年代，政府推出以英語答卷的會考制度，學校需要得到政府批准才可以讓學生參加會考。起初政府質疑工業學校的學生是否有能力應付考試，後來學校證明已經提供英語教學，而且畢業生多會到外資公司工作，最終説服政府，批准學校於 1962 年參加會考。

　　參加會考之後，香港仔工業學校的學生流動也慢慢出現變化。1950 年代前後，學生較少機會接受高等教育，因此畢業後大多投身工業界。有了會考制度，畢業生可以選擇到其他學校入讀預科課程甚或到海外升學。到了 1990 年代，學校順應香港教育發展的趨勢，取消工科課程，將課程內容調整至接近主流中學模式，使畢業生可向更多方面發展。

香港警察學院

　　香港警察學院，舊稱「香港警察訓練學校」，是香港戰後社會發展下的產物。當時香港百廢待興，急需警察投入服務。1947 年，政府決定於黃竹坑開設新的警察訓練學校，以培養更多警務人員。翌年，黃竹坑警察訓練學校正式成立，成為香港所有華人警務人員的訓練基地。

3.7

1970 年代警察訓練學校結業會操

 3.8

1973 年警察訓練
學校全景

　　起初警校規模細小，只有簡陋的設備，校內的主體建築是幾間單層的磚屋。1951 年，警務處處長向政府申請擴大校園用地。1960 年代，警校經過三期擴建工程，分別建成體育室、圖書館、宿舍和辦公室等設施。到了 1970 年代，警校繼續擴建，增設了宿舍、靶場、體育設施和語言實驗室等。其實直至 1990 年代為止，警校的擴建從未間斷。2001 年，警校再興土木，添置了警察戰術訓練大樓，為學警提供戰術訓練的實踐環境。

　　學警在這裡接受 27 個星期的訓練，學習警例、英語、操練、練靶、實習等。學警每日早上七時半起床，用膳後隨即開始訓練，星期六、日及公眾假期則休課。2006 年，訓練學校升格為「香港警察學院」，畢業生可獲得公開大學的進修資格。學警完成訓練後所得的證書，等同於完成公開大學 30 分學分，可以報讀深造課程。

　　黃竹坑警察學院是很受訪客歡迎的景點。來自全球各國的警務人員、政府官員、學生以至市民等都不時到來參觀訓練的過程和警校的工作，尤其對校內的報案室、武術場、犯罪示範室和法庭等感到興趣。除此之外，警校的職員和學警亦積極參與聯繫社區的活動，例如組織步行籌款、招待老弱殘疾人士到警校歡度新年、邀請香港仔黃竹坑當區學校學生表演等，務求與社區共融並進。

葛量洪醫院

　　位於海洋公園正門對面的小山崗上，有一所細小但曾經廣為香港人認識的醫院 —— 葛量洪醫院。肺癆病是戰前香港的頭號殺手；戰後香港人口急增，肺癆病的問題更顯得嚴重。在政府的支持下，香港一班社會賢達組成香港防癆會，並計劃在香港仔漁光邨山

 3.9

1959 年葛量
洪醫院全景

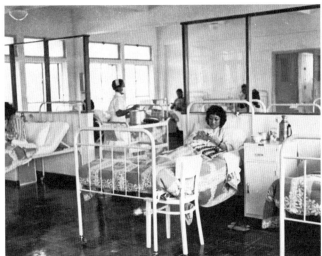

3.10

1959 年葛量
洪醫院病房

上興建一所醫治肺癆病人的醫院。不過,香港仔居民反對選址靠近民居,最後政府唯有改撥黃竹坑山上的土地興建醫院。這所醫院的成立得到政府的大力協助,於是以時任港督葛量洪命名。1957年6月6日,葛量洪醫院開幕,成為當時香港規模最大、設備最新的肺癆病醫院。

3.11

葛量洪醫院今貌

葛量洪醫院樓高八層，有 540 張病床。醫院內設有花園、圖書館、X 光儀器、實驗室和手術室；毗連醫院大樓的是醫生、護士和工人的宿舍。由防癆會轉送入院的病者每天收取五元住院費，其他自行入院者則每天收取 12 元。作為治療肺癆病的龍頭醫院，葛量洪醫院亦會接收其他醫院的肺癆病人。另外，該院亦與英國醫學研究會共同研究抗癆藥。1962 年，葛量洪醫院成立葛康社以維持病者之間的感情以及與醫院之間的聯繫，又組織康樂福利活動以支持病者。

1967 年，葛量洪醫院購入了一部可診斷二百多種心臟疾病的儀器以及一部用作照顧手術中病者的「心肺機」，使醫院有能力提供開心手術的服務。翌年，第一宗開心手術順利完成，為醫院的發展揭開新的一頁。

在香港肺癆病史上，葛量洪醫院的建設具有劃時代的意義。從醫院開辦到 1970 年代初期的十多年間，香港終於戰勝了肆虐多年的肺癆病。可是，葛量洪醫院在醫學上的成就卻為院方帶來營運上的危機 —— 肺癆病患者的數目下降令醫院出現無法預計的財政困難。為了補償肺癆病患者的流失，醫院只好接收更多的心臟病患者。不過，心臟病調理成本高昂，得不償失，醫院唯有向政府舉債度日。結果，政府為免醫院倒閉，不但不能回收欠債，更要增撥資助醫院的補助金。另外，香港仔水陸居民聯合社亦上下一心，向街坊募捐以協助醫院渡過難關。

香港到了 1970 年代，肺癆病已經逐漸減少，但心臟病卻日趨嚴重。1976 年，葛量洪醫院決定轉為心臟病治療中心，一年後正式成為政府補助醫院。到了 1983 年，葛量洪醫院已經成為香港最大的胸肺及心臟科中心，共有 625 張病床。這裡設有手術室、心

導管檢查室、內科化驗室和肺科化驗室,每年可以施行超過 500
宗的心臟手術。現時除了提供心臟及胸肺醫療服務外,葛量洪醫院
亦提供眼科手術及癌症患者的照顧服務,以及為公立和私營機構護
士提供專科訓練。

聖瑪利安老院

安貧小姊妹會是由一群法國修女組成的國際宗教團體,目的是
從事安老工作,陪伴長者走完人生的最後一程。安貧小姊妹會於
1923 年踏足香港,不久在牛池灣興建一所老人院。1956 年,她們
向政府申請香港仔磚山路約十萬平方呎的土地興建安老院;政府最

3.12

1962 年剛落成
的聖瑪利安老院

早年聖瑪利安老院
內的情況

聖瑪利安老院
今貌

後同意申請，但只能撥出黃竹坑惠福道的四畝土地。1958 年，安貧小姊妹會得到賽馬會捐助一百萬元興建聖瑪利安老院，是為該會於香港興建的第二所安老院。伍秉堅建築師的圖則採用便利長者行動的方形設計，體現了安貧小姊妹會的服務精神。

1962 年，分期建造的安老院終於竣工，並於同年 9 月正式開幕。安老院解決了院舍問題之後，仍然需要善心人士捐助經費，才能夠照顧無依無靠的長者。安老院全盛時院友數目多達四百人，開支十分龐大。因此，向社會各界勸捐，也成為安老院修女每天的例行工作。

踏入 1970 年代，安老院大約有 17 名修女照顧三百多名長者，人手極之短缺。為了提高工作效率，安老院於 1971 年發起慈善賣物會，籌款購入電話系統。1973 年，香港西區扶輪社捐出兩架洗衣機和一架乾衣機。1979 年，東九龍獅子會送贈一輛小巴。到了 1980 年代，北九龍獅子會又捐贈了兩輛小巴，以運送糧食和接送長者至醫院等。同時，安老院亦重建了新的辦公大樓以應付日益繁重的行政工作。2014 年中，方潤華基金捐贈該院 25 部電動醫療床，為該院添置新設施。

4 工業區

　　1950 年代是香港工業發展的起步時期。在完成一系列遷徙、清拆、填海的工程後，黃竹坑也開始發展為工業區。工廈林立，漸漸形成了黃竹坑獨特的社區格局與面貌。

黃竹坑工業區的
早期規劃

　　1950 年代初期，香港在韓戰的陰霾下將經濟重心由轉口貿易轉移至工業發展。1956 年，政府計劃在香港島沿岸填海開闢工業用地，黃竹坑遠離市區，自然被納入計劃之中。這裡的填海工程以香島道為基線，由毗鄰警察訓練學校進出道口的低窪地區作為起點，一直向西北伸展。1959 年，填海工程完成，政府在新的黃竹坑規劃出輕工業區、普通商業住宅區、高級住宅區等不同的土地用途。同年，香港建造商會選定黃竹坑區為該會申領土地拓築的區域，並向政府提出申請。1963 年，城市規劃委員會提出在香港仔與鴨脷洲之間的海岸填海：工程由田灣道開始，向西伸展至鴨脷洲，南面將黃竹坑河涌以東一帶包括在內，造地約 17 畝。黃竹坑河涌經填平後劃作工業用途，並且預留填海區東面土地作未來擴展工業區之用。

　　分階段展開的填海工程除了為工業造地，也提供空間興建明渠、警署、道路等基本設施。1964 年，政府在黃竹坑涌尾興建一

46

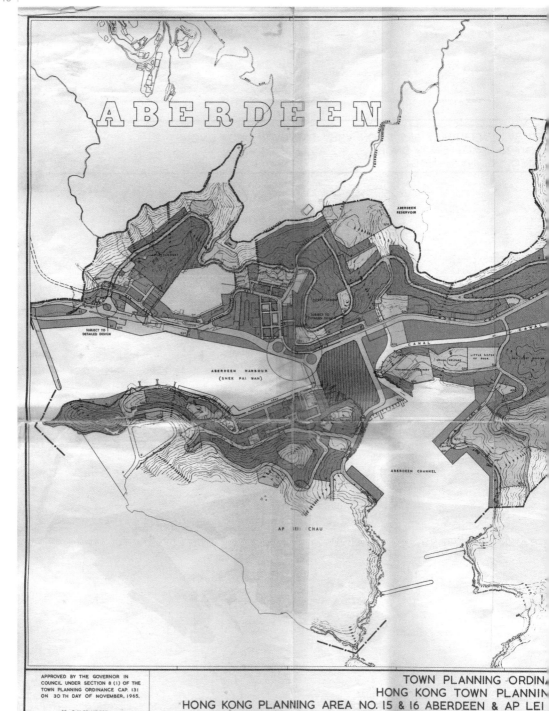

ABERDEEN

ABERDEEN RESERVOIR

SUBJECT TO DETAILED DESIGN

ABERDEEN HARBOUR
(SHEK PAI WAN)

CANAL

CANAL

SOCIAL WELFARE

LITTLE SISTER OF POOR

ABERDEEN CHANNEL

AP LEI CHAU

TOWN PLANNING ORDIN.
HONG KONG TOWN PLANNIN
HONG KONG PLANNING AREA NO. 15 & 16 ABERDEEN & AP LEI

SCALE OF FEET

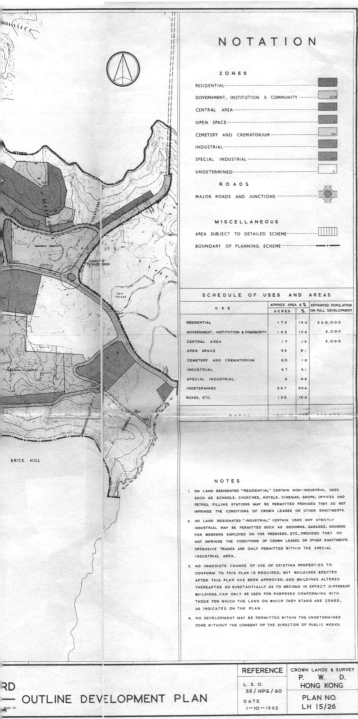

4.1

1965 年《香港仔與鴨脷洲分區大綱圖》，可見黃竹坑的早期規劃。

條長 2,000 英尺、寬 60 至 70 英尺的明渠，以及一條長 250 英尺、寬 30 至 35 英尺的支渠，由香港仔消防局所在位置延伸至香港仔官立小學。

填海的原意是為推動陸上的發展，結果卻牽動了海上人文景觀的改變。當時涌尾約有艇戶 1,146 家，擱置在陸上的寮船有 706 艘，合共 11,254 人。除了住戶，灣內還有 33 艘店戶，17 艘小工廠或工場。隨著填海工程的展開，靠泊在這裡的艇戶分四期逐步遷至鄰近的田灣邨和石排灣邨，有部份甚至跨海落戶荃灣新區。1966 年 4 月，海事處開始為漁戶登記，並且在一年內徙置了 4,726 人，以配合第一階段的清拆工程。餘下的 4,000 人則隨著第二期清拆工程的展開在其後的半年遷離。最後還剩下一類未合符搬遷資格而無家可歸的漁戶，他們在石排灣山區的安置區自行劃出土地，自費搭建木屋居住。涌尾的清拆幾乎和遷徙行動同步完成；第一批艇戶於 1967 年 3 月底完成清拆，半年後第二階段的清拆亦告完成。

經過悉心安排，黃竹坑涌尾的遷徙、清拆、填海、發展得以通過無縫交替的方式執行：人一走就拆，拆好就填，填妥就發展；一大片市區及工業用地迅即在黃竹坑形成。政府隨即在這裡興建各種設施以加快工業的發展，向荃灣和葵涌等主要工業區急起直追。1966 年，政府擴闊黃竹坑道，建成一條帶有行人路的雙線行車道；四年後再在黃竹坑道與深水灣道之間加建一條長一英里的新道路，連接香港仔與黃泥涌。1968 年是黃竹坑工業發展的重要時刻，這一年區內多座公屋相繼落成，為工業區提供大量的勞動人口。

黃竹坑工業區的
格局與面貌

　　大成製紙機器廠是最早在黃竹坑發展工業的企業。大成於 1895 年在中環干諾道西成立辦事處，主要的業務是生產紙料。這時候香港的經濟命脈是轉口貿易。大成不但投資於工業，更找到遠離中上環商貿中心的黃竹坑設廠，可謂別出心裁。1898 年，大成向政府申請在黃竹坑興建水庫供水給工廠，同時派員到工廠以北的山崗一帶勘察。在政府的同意下，大成興建了 268,000 平方呎的水庫大壩，這水庫就是香港仔下水塘的前身。水庫除了供大成紙廠使用外，也為香港仔村的居民提供食水。1899 年，連場暴雨破壞了水庫大壩，政府協助修復，但工程效果不甚理想，紙廠排出的沉澱物污染了附近的水源。直到 1906 年，政府重新填補大壩的裂縫，才徹底解決了污染的問題。1929 年，政府收回紙廠的地皮另

4.2

1930 年代大成製
紙機器廠舊址

作發展，大成唯有結束營業，並將大樓和廠房連機器賣給政府轉售。政府在大成紙廠原址的山崗上興建香港仔上水塘，同時擴建紙廠原有水塘為香港仔下水塘。1930 年，水塘工程正式動工，首先加固及加高紙廠水庫大壩以增加存水量；又截取其他水源，建造抽水站，用以興建上水塘。政府拆卸大成紙廠的大樓後，於 1932 年批出紙廠原址土地予兒童工藝學院興建學校，亦即今日的香港仔工業學校。

除了大成製紙廠，The Hongkong Pipe, Brick, and Tile Works 磚廠也在 20 世紀初到黃竹坑南朗山鄰近深灣處建廠。製磚廠是青州英泥廠的重要合作夥伴，廠房規模宏大，設有窯爐、風乾棚、鍋爐發動機屋、辦公室等設施。磚廠有 14 個窯爐，其中最大的三個每天可以各自生產紅磚三萬多塊，產量驚人。在依賴紅磚建屋的年代，磚廠的產品一直支撐著香港的城市建設，貢獻良多。今天南朗山仍然沿用磚山這別稱，為這裡多年前的一段光輝歷史留下了最低調的印記。

從香港光復到政府大規模發展黃竹坑之前，這裡出現了數家不同類型的工廠。1948 年，香港建設服務有限公司購入黃竹坑土地興建混凝土產品工廠，並於 1951 年正式投產。1950 年，已經有十年歷史的香港荳品公司在黃竹坑開設新廠房，引入機械操作處理裝配工序，生產風行一時的「維他奶」豆奶，又推出「綠寶」品牌的橙汁飲品，進一步鞏固了公司在預製飲品市場上的地位。1953 年，老牌食品店甄沾記也在黃竹坑買地興建工廠，於 1958 年開始生產椰子糖和椰子雪糕等副食品。

為了推動黃竹坑的工業發展，政府自 1950 年中至 1960 年末拍賣了多幅工業用地，引進了不同類型的工業。1955 年，力強橡

MEMORANDUM OF AGREEMENT.

Between Mr. Yan Choi Yuen, Merchant

c/of Yan Chim Kee, 65, Caine Road, Hong Kong

(herein referred to as "the purchaser") of the one part and the Director of Public Works for and on behalf of the Governor of the other part *Whereby It Is Agreed* that the purchaser having been declared the highest bidder for the lot described in the foregoing Particulars of Sale at the premium herein specified and having paid the required deposit specified in General Condition No. 4 (the receipt of which is hereby acknowledged) hereby agrees to pay the balance of the said premium and to become the Lessee of the said lot upon and subject to the foregoing Conditions and on his part to perform and abide by the said Conditions.

No. of Sale	Registry Number	Annual Rental	Amount of Premium at which Purchased	Signature of Purchaser
		$	$	
I	Aberdeen Inland Lot No. 157	230	35,100.00	Sd. Yan Choi Yuen, (Merchant) c/o Yan Chim Kee, 65, Caine Road, Hong Kong.

NOTE:—In the event of signature by an agent or attorney of the purchaser the conditions of clause 6 of the General Conditions must be observed.

Dated this 6th day of July, 1953.

J. E. RICHARDSON
....
Witness to Signature of Purchaser.

A. P. Weir
....
Ag. *Director of Public Works.*

W. R. N. Andrews
....
Ag. *Witness to Signature of Director of Public Works.*

4.3
....

1953 年甄沾記購得
黃竹坑土地的契約

1960 年代的十丹
頓河涌與沿黃竹坑
道而建的工廠

膠廠股份有限公司在黃竹坑興建工廠生產橡膠皮鞋；同年新創辦的
天光五金製造廠有限公司建廠投產。1960 年，國泰印刷廠也選址
黃竹坑大展拳腳。值得一提的是徐季良於 1935 年在廣州成立的大
華鐵工廠。這間製造軍事用具的工廠於 1937 年遭日軍沒收所有廠
房，生產停頓。戰後大華鐵工廠重開，轉為製造鋁質器具等日常用
品，並於 1960 年代初遷至黃竹坑大力發展。

　　雖然政府決心用土地政策推動黃竹坑工業區的發展，但 1960
年代的土地拍賣成交卻強差人意，1965 年更出現土地無人問津的
局面。這其實是黃竹坑工業起飛前的一段尷尬時期。相較荃灣、觀
塘等正高速發展的工業區，這時候的黃竹坑位置偏遠，交通不便，
加上區內人口較少，廠商根本無法招聘足夠的工人。隨著黃竹坑的
交通及社區配套發展日益完善，區內的公屋又帶來大量人口，黃竹

4.5

1980 年代
黃竹坑工
業區全景

坑工業區的發展亦日漸蓬勃起來。在全盛時期，黃竹坑道、香業道及業發街一帶建有逾四十幢多層工業大廈，吸引數以百計的企業在這裡設立廠房。(見下表)

1970 至 1980 年代黃竹坑工業大廈一覽表

大廈名稱	位置
香華工業大廈	黃竹坑道 12 號
怡安工業大廈	黃竹坑道 14 號
勝利工廠大廈	黃竹坑道 16 號
瑞祺工業大廈	黃竹坑道 18 號
香港仔工業大廈	黃竹坑道 19 號
啟時工業大廈	黃竹坑道 20 號
黃竹坑工業大廈	黃竹坑道 21 號
胡嘉烈工業大廈	黃竹坑道 23 號
信誠工業大廈	黃竹坑道 24 號
建德工業大廈	黃竹坑道 26 號
甄沾記有限公司	黃竹坑道 27 號
保濟工業大廈	黃竹坑道 28 號
維他大廈	黃竹坑道 29 號
長德工業大廈	黃竹坑道 30 號
華明工業大廈	黃竹坑道 34 號
好景工業大廈	黃竹坑道 33-35 號
利達中心	黃竹坑道 37 號
淘大黃竹坑工廠大廈	黃竹坑道 38 號

大廈名稱	位置
貴寶大廈	黃竹坑道 40 號
立興工業大廈	黃竹坑道 41-43 號
利美中心	黃竹坑道 42 號
盛德工廠大廈	黃竹坑道 44 號
聯合工業大廈	黃竹坑道 48 號
得力工業大廈	黃竹坑道 49-51 號
合隆工業大廈	黃竹坑道 52 號
英基工業大廈	黃竹坑道 53 號
虎豹大廈	黃竹坑道 54 號
怡華工業大廈	黃竹坑道 56-60 號
本利發工業大廈	黃竹坑道 59-61 號
天豐工業大廈	黃竹坑道 63 號
開文工業大廈	黃竹坑道 64 號
志昌行中心	黃竹坑道 65 號
英美煙草（香港）廠	香葉道 2 號
怡達工業大廈	香葉道 4 號
啟時工業大廈	香葉道 20 號
風行工業大廈	香葉道 43 號
聯益工業大廈	香葉道 50-54 號
志聯興工業大樓	業發街 2 號
益年工業大廈	業發街 6 號
松柏工業大廈	業發街 12 號
金來工業大廈	業勤街 35 號

資料來源：《香港年鑑》1960－1990 年；各大報章。

除了上述在黃竹坑紮根多年的工廠外，黃竹坑工業區還有塑膠製品廠如立信塑膠廠和聯泰實業製品廠等；製藥廠如保心安藥廠有限公司和永高藥業有限公司等；食品廠如領袖食品廠和權記行食品廠等；電子廠如三立電子有限公司和利美電子有限公司等；以及紙品印刷廠如廣祥紙盒廠和益群印務有限公司等。此外，黃竹坑工業區比香港其他主要工業區更能為乾淨工業提供合適的生產環境，於是吸引高級零件廠、煙草廠和錄音帶錄影帶廠到來設廠生產。

工廠食肆

黃竹坑工業區的工人主要來自附近的黃竹坑邨，工人大多徒步往來住所和工廠之間，但午餐仍需在外解決。黃竹坑工廠林立，工人數量成千上萬，對食肆需求龐大。然而，早年工業區的規劃側重處理生產的空間，並無在區內提供充足的食肆用地，大牌檔於是應運而生，單單香葉道和業發街兩處就有十多二十檔。早期的大牌檔以傳統形式經營，在檔口前端設座位，然後在周圍擺放兩至三張飯枱，出售奶茶、咖啡、碟頭飯和點心等。每天午飯時間，大牌檔就成了工人的飯堂。

隨著工業日漸蓬勃，工人數量不斷增多，大牌檔和小販的數目與日俱增，食物衛生和質素問題亦日益嚴重。1980 年代初，政府計劃興建熟食中心以控制食品質素。1983 年，地政署批出香葉道和南朗山道的一幅土地興建熟食中心。熟食中心於 1986 年中落成後，政府安排區內各處大牌檔遷至中心營業。這座「南朗山道熟食市場」樓高兩層，佔地 1,074 平方米，可以容納 27 個熟食檔和一個報紙檔；天台還設有園林，為單調的工廠區增添一抹清新的色彩。

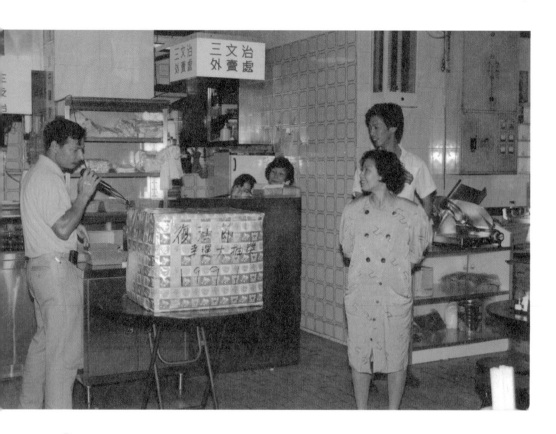

4.6

工廠食肆與工友、街坊及地區
組織打成一片

4.7

南朗山道熟食市場今貌

　　除了興建熟食中心，政府於 1981 年放寬申請工廠食堂牌照的限制。只要工廠食堂符合政府要求，繳交 2,000 元行政費用，就能獲政府簽發「無異議」證書，可以合法經營。不少商人於是趁機進軍黃竹坑的工廠食堂，最早的經營者有盛德工業飯堂和快加好飲食有限公司等。在區內工業最旺盛的年代，有些飯堂會於早上六時開市讓工人食早餐，也會延長營業時間，方便加班的工人吃晚飯。

廠商與地區發展趣聞

　　黃竹坑南朗山道有一座大王爺廟，香火鼎盛；廟內的大王爺一如其他民間信奉的神明，有其神秘而傳奇的來歷。據說於民國初年，有一座約半米高的木神像漂至黃竹坑南朗山道海傍；當時有村民將拾得的神像置於樹下供奉，這尊大王像於是成了當地的守護神。村民相信大王爺在日治時期庇佑黃竹坑一帶免受日軍殘害，於是對大王像更尊崇有加。另一說法則稍欠傳奇色彩，但與黃竹坑的工商業發展有一定的關係。這版本的大王爺本來是一塊坐落黃竹坑徑的大石，當政府收回黃竹坑徑土地時打算移走大石。不過，當地有人認為應為大石塑造大王爺形象，於是成立大王爺廟有限公司，籌集資金，並向政府購入南朗山道地皮興建大王爺廟。當時不少南區廠家和商人如楊植秋、林基業、任昌洪和馬秋昆等紛紛響應，出錢建設廟宇。大王爺廟於 1983 年落成，是香港島上唯一的大王爺廟。廟宇建築規模宏大，是黃竹坑區的地標建築。

4.8

大王爺廟

另外，黃竹坑有一條香葉道，表面看來與當地的植物有關，其實它的名字來自與黃竹坑地情毫無關係的工業。1960 年代，英美煙草（香港）公司在黃竹坑開設工廠製作香煙，並於 1971 年向市政局提出將工廠所在的新路命名為「香葉道」，以配合公司生產的商品。翌年，政府各部門經商討後一致同意有關建議，於是毗鄰黃竹坑明渠的「香葉道」由此誕生。

南區工業聯會
與工廠北移

戰後幾十年間，通過政府的規劃和拓展，黃竹坑的工業已經發展出可觀的面貌，但亦陸續出現各種各樣有待處理的問題。1984 年，區內幾家具實力的廠商發起成立南區工業聯會，以促進黃竹坑和整個南區的工業發展，並扮演與政府、區議會和廠家聯繫的角色。聯會的創辦人包括廣達實業有限公司的丁鶴壽、新洲印刷有限公司的蘇周艷屏、駿發樹膠塑膠製品廠（現名為新法工業集團有限公司）的李世奕和鴻興柯式印務有限公司的任昌洪等。聯會初試啼聲，甫成立即就工業區內處理及運送廢料的問題提出解決方案，建議以海路運送廢料，結果成功減少廠商的營運成本，奠定聯會代表南區廠商的權威地位，並順利開展日後與政府往來的合作關係。

踏入 1980 年代，中國內地改革開放的步伐漸上軌道，香港工廠逐漸北移，黃竹坑廠商亦不甘後人。為協助黃竹坑和香港仔的廠商北移，聯會於 1988 年發起集資計劃，協助南區廠家於廣東省東莞設廠投資，並在當地設立南區工業邨。當時聯會向中國政府申請開發東莞大嶺山約 200 畝土地，劃分為五十多份各佔 20,000 平方

1984 年南區工業
聯會成立

呎的土地。聯會在香港發行債券讓會員廠商優先認購，集資平整大嶺山土地，以及添置水電等基礎設施，然後將土地交予認購債券的廠家自行建設工廠及宿舍。為方便管理整個大嶺山工業邨的運作，聯會成立管理公司和土地發債公司，分別管理邨內的水電系統和大嶺山土地的債權。在平整土地的過程中，適逢內地發生「六四事件」，部份廠家對在內地營商的前景感到憂慮，最後有少量廠家決定離開計劃，並將大嶺山的土地轉讓予其他廠家。

　　建設初期，大嶺山工業邨的工人只有約 500 人，但幾年後已大增至 80,000 人。在大嶺山發展的工廠十分多元化，有假髮廠、製衣廠、印刷廠、蠟燭廠、錄音帶廠、木器家俬廠等。其中有部份工廠規模龐大，聘用工人數以千計，大大節省人力成本，因此吸引不少香港廠家將產業轉移至內地。有些黃竹坑廠家將整個產業遷至大嶺山；有些為方便與內地工廠來往，由黃竹坑搬至荃灣等較接近中港邊界的地方；有些則沿用黃竹坑廠房繼續生產成品，或改建為寫字樓。結果，南區工業北移，造成了黃竹坑的工業區工廠空置的現象。

5 公共房屋

　　戰後香港人口急增，房屋和就業是市民最需要解決的問題。香港政府面對數目龐大的移民和新生人口，逐漸梳理出管治的頭緒，並且在房屋與就業之間建構出規範化的城市發展規律。工業是提供就業的最佳經濟板塊，公共房屋就是保證工業能夠正常運作的配套設施。工業化的發展改變了黃竹坑的面貌，隨之而來的公共房屋則為黃竹坑帶來了新一代的居民。

黃竹坑邨

　　早於 1956 年，公共房屋已經在黃竹坑的發展藍圖上佔據重要的位置。當時政府計劃在黃竹坑闢建輕工業區，並決定在警察訓練學校以西興建廉租屋邨，以期增加黃竹坑的人口，使工業區有足夠的勞動力投入生產。根據政府原定的計劃，黃竹坑邨可容納 37,000 人，主要工程包括興建五座樓高 12 層及五座樓高 20 層的住宅，以及屋邨附設的學校、停車場和遊樂設施。

　　黃竹坑邨屬於廉租屋邨，是香港房屋委員會管轄下的項目。屋邨的建設工程可分為三期。第一期工程於 1965 年展開，於 1968 年底落成入伙。主要建設包括興建第 1 座及第 2 座大廈，分別樓高 12 層及 20 層。兩座大廈呈 T 字型排列，建有 963 個單位，可容納六千餘人。第二期工程於 1972 年完成，建有第 3 座至第 6 座共

元洲街邨・黃竹坑邨・葵盛邨・葵興邨・梨木樹邨・麗景邨

居住五十萬人

港府動用像五元在港九新界興建一九七三年可即先後落成

紛紛興建廉租屋邨

與華富邨同一命運

黃竹坑邨乏人問津

目前近千單位只百多個入伙

【本報訊】在香港仔黃竹坑建造的「政府廉租屋」，首期兩幢大廈已開始入伙，卻仍有空置單位，乏人問津。

目前，香港仔附近籠罩的廉租區，不斷加租，在居民心目中早已認為是廉租區租不廉。黃竹坑廉租屋去年底完工，現已開始入伙，被盛有九百多個居住單位，但現在遷進該邨的租客只有一百六十戶。港英昨天宣佈「繼續接受居民申請入居」。

黃竹坑邨 空屋八百

黃竹坑政府廉租屋邨空缺單位達八百，原因為大多數人受僱於市區，來往工作地點交通，反市民收入普遍增加而喪失申請資格。本年一月份已開闢一

這是屋宇建設委員會中所透露的一新辦，他又說：交通應現正興中股汽車有限公司洽切商訂改善港仔區比利將這邨之新線，他並向市民承諾，該邨人口增加時，交通服務亦將隨之而增加。屋宇建設委員會香仔區本幢（廿九）日在

5.1

1960年代政府銳意
在黃竹坑興建屋邨

四座大廈。翌年，第三期工程亦告完成，建有第 7 座至第 10 座最後四座大廈。工程竣工後，黃竹坑邨一共建有十座大廈，合計提供 5,702 個單位，可供約 35,000 人居住。由於每座大廈的樓層數目與樓宇長度不盡相同，因此每座的單位數目也有很大的差距。

黃竹坑邨單位資料

座數	期數	落成年份	樓層	單位數目			
				五人	七人	九人	總數
1	第一期	1968	12	84	79	20	183
2		1968	20	360	350	70	780
3	第二期	1972	12	83	77	16	176
4		1972	20	522	504	87	1,113
5		1972	20	360	349	70	779
6		1972	14	101	117	38	256
7	第三期	1973	12	83	77	16	176
8		1973	20	360	350	70	780
9		1973	17	87	95	41	223
10		1973	20	576	554	106	1,236
			總數	2,616	2,552	534	5,702

資料來源：*Estate Property 1978* (Hong Kong: Research & Planning Division, Housing Authority), p.309。

黃竹坑邨的樓宇設計採用了比早期徙置大廈較高的規格。這裡的單位都設有獨立廚房和廁所，又有獨立露台，住戶能夠享受較大的居住空間。屋邨單位依照一個成年人佔用 35 平方呎面積來設計，分為五人、七人或九人三種。特別值得一提的是，黃竹坑邨內十座大廈與鄰座之間都設有連接通道，分別設在高樓層或者低樓

5.2

1970 年代黃竹坑正大興土木，黃竹坑邨
（圖右上方）各座亦相繼落成。

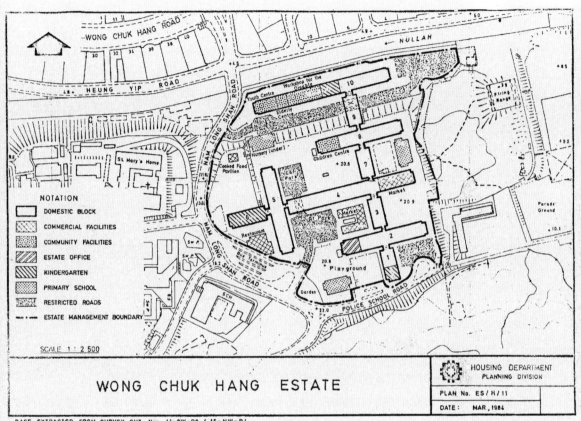

WONG CHUK HANG ESTATE

NOTATION

- □ DOMESTIC BLOCK
- ▨ COMMERCIAL FACILITIES
- ▦ COMMUNITY FACILITIES
- ▨ ESTATE OFFICE
- ▨ KINDERGARTEN
- ▦ PRIMARY SCHOOL
- ▨ RESTRICTED ROADS
- —·—·— ESTATE MANAGEMENT BOUNDARY

SCALE 1 : 2 500

HOUSING DEPARTMENT
PLANNING DIVISION

PLAN No. ES / H / 11

DATE : MAR, 1984

BASE EXTRACTED FROM SURVEY SHT. Nos. 11-SW-D3 / 15-NW-B1

5.3

1980 年代黃竹坑邨
平面圖

層；只要在適當的樓層行走，就可以由第 1 座直通至第 10 座。這是香港公共房屋的特色設計，使邨內居民仿如生活於同一個平面空間，有利於促進彼此之間的鄰里感情。

1985 年，房屋署對較舊的樓宇作出結構勘查，發現全港有 26 座公屋的樓宇結構不合規格，其中黃竹坑邨第 9 座被確認為石棉公屋，第 10 座則屬鹹水樓。石棉是一種極度危險的物質，吸入人體會使人呼吸困難；而鹹水樓會加速樓宇鏽蝕，危及樓宇結構安全。房屋署原來計劃將第 9 及第 10 座一併拆除，但因區內沒地方安置第 10 座的居民，因此當局於 1988 年率先安排第 9 座居民搬至利東邨、鴨脷洲邨和華富邨，並於同年 5 月清拆樓宇。第 10 座最終決定施行補救工程，用鞏固樓宇結構來代替清拆。自從第 9 座大廈清拆後，第 10 座變成一座獨立的樓宇，再不能與邨內其他大廈互通。

居民生活

早年入住黃竹坑邨的居民，有些來自區內布廠灣寮屋等地的徙置區或木屋，亦有來自士丹頓灣河涌因填海而獲安置上樓的漁民。黃竹坑邨的居民生活簡樸，男主外，女主內；屋邨得毗鄰工業區之利，大量居民就近到工業區的工廠上班。邨內大廈呈一字型結構，每層都有一條長走廊貫通兩旁的單位，每家每戶一打開大門就會看到鄰居，因此邨內居民相處分外和洽，關係猶如家人一樣。在炎夏的日子，家家戶戶會打開木門互通涼風；平時則習慣圍坐聊天，分享湯水食物，或者打麻將消遣。

一如其他廉租屋邨，黃竹坑邨內設有街市、商舖、餐廳、酒樓，方便居民生活。到了 1980 年代，邨內加設青年中心、護老院

昔日的黃竹坑
天主教小學

和托兒所等，為居民提供更多生活設施。至於學童的教育安排亦相當完善，邨內建有幼稚園和三間小學。三所小學分別為於 1969 年建成的鄧肇堅小學和於 1973 年建成的基恆小學及黃竹坑天主教小學。三所小學的建築模式都是當時政府最常用的標準屋邨小學校舍，樓高六層，設有 24 間課室，天台是露天運動場，地下則有上蓋運動場和籃球場。小學分上、下午校，大部份學生來自黃竹坑邨。部份學生的雙親在附近工廠上班，學生的起居一般交由家中長者代勞照顧。

　　早年黃竹坑邨內劫案頻生，居民認為必須加強保安巡邏，於是效法其他屋邨成立互助委員會自行保護家人及鄰居。第 1 座率先自發成立互委會，其他大廈後來亦相繼跟從。起初互委會的辦事處地方狹小，甚至連桌椅也欠奉，成員於是向房屋署和民政處申請各種

南濤閣今貌

物資，才漸漸擴充辦公的空間並添置桌椅。參與互委會工作的居民都是義工，他們大多是在職人士，有些更是家庭的經濟支柱，因此要待晚上下班後才有空到互委會辦事處工作。互委會主要負責協助居民處理各種問題，例如幫助長者繳交水費、屋租、電費，亦會為居民舉辦嘉年華、旅行、新春活動等大型活動。另外，互委會亦擔當居民與政府之間的橋樑角色，代表居民向政府部門反映意見，並催促相關部門盡快處理問題。

除了互委會，黃竹坑邨內多位學校校長都十分熱心幫助邨民處理各種生活上的問題。他們之中有些人兼任市政局議員或區議員，有助代表居民向政府就交通、衛生等問題反映訴求；又經常為政府和邨內的小販作出協調，以達致雙贏的局面。

雖然黃竹坑工廠區為居民提供大量就業機會，但同時亦為居民帶來污染的問題，當中以屋邨附近香葉道明渠的情況尤為嚴重。上游工廠排出的污水流入明渠，並沿渠流至渠口一帶，令水質變得十分混濁，更不時發出惡臭。居民曾要求政府覆蓋明渠以根絕問題，但政府卻以工程及維修費用昂貴為由拒絕。1984 年，工程拓展署曾經挖深及延長渠道，以防止垃圾及沙泥沖回渠口，淤塞渠道。不過，這些工程都無助於改善情況，直至海洋公園於同年將水上樂園的淡水沖入明渠，使污水順利流出海面，才明顯減輕明渠臭味對屋邨居民的影響。

除了黃竹坑邨，區內的公共房屋還有南濤閣和雅濤閣，是房屋委員會發展的居屋屋苑。南濤閣位於黃竹坑南朗山旁，於 1995 年入伙，建有三座 34 至 35 層高的大廈；雅濤閣則位於黃竹坑深灣，於 2001 年入伙，建有四座 38 至 39 層高的大廈，兩者均附設停車場、商舖及遊樂設施等。

交通配套

黃竹坑邨第一期工程完成後，第 1、2 座立即可以入伙，但當時申請的人數卻甚少。首先是因為廉租屋不斷加租，漸漸脫離了原來的「廉租」性質，令市民失去信心；其二，相較起其他同類型廉租屋邨，黃竹坑邨的對外交通甚為不便。黃竹坑開邨多年，一直依賴一條巴士線與市區聯繫。到了 1969 年區內人口漸漸增多，中華巴士公司才落實增設 7B 線來往中區統一碼頭及黃竹坑邨，每十分鐘一班，途經域多利皇后街、薄扶林道、石排灣、香港仔大道及黃竹坑道等，車費由二角至六角不等。為進一步解決黃竹坑邨交通問

興建中的香港仔
隧道

5.7

興建中的鴨脷洲大橋

題，政府交通事務處與中華巴士公司商討增加巴士班次，以提升黃竹坑邨的交通效率。

　　然而，黃竹坑的對外交通只有西行一途，交通擠塞問題愈來愈嚴重，增加巴士班次根本無補於事。政府和社會各界都明白到，如果南區要繼續發展，就必須要興建隧道來改變區內的整體交通模式。1970 年代初，政府決定興建一條連接跑馬地和香港仔的隧道，設計工作交由工務司署和英國的茂克兆顧問公司（Maunsell Consultant Asia）負責。1973 年，工程顧問公司開始研究興建隧道的可行性，並向政府提交詳細的研究報告。1974 年，政府開鑿

試驗性隧道收集土壤和地質資料；當有關試驗初獲成果後，政府隨即安排搬遷黃竹坑新、舊圍村民、跑馬地回教墳場、天主教墳場和香港墳場。1977 年，政府開始動工興建香港仔隧道，並在黃竹坑建設交匯處，讓車輛分途往東、西兩個方向到淺水灣和香港仔。1982 年 3 月，香港仔隧道正式通車，實行單管雙程行車，各類型車輛的隧道費一律定為兩元。

除了研究興建香港仔隧道，政府於 1972 年亦計劃興建一條大橋連貫香港仔與鴨脷洲，以促進鴨脷洲的發展。1976 年，政府將大橋工程列入工務計劃並由金門有限公司承建。翌年大橋工程開始動工，於 1980 年落成通車。大橋長 230 米，設雙線行車道及行人道，每小時可供 1,500 輛車通過。另外，潮漲時橋底離水面 15.24 米，足夠讓船隻通過。

社區設施

黃竹坑是新開發的社區，按政府當年的規劃標準，一切有關衣食住行的配套設施都必須配置齊備。因此，區內除了學校、食肆、商舖外，亦新增不少公共設施和社福服務。1971 年開幕的香港仔運動場就是黃竹坑的地標設施。運動場總面積 14.14 英畝，設有大型草地足球場、跑道、運動員訓練設施、休憩花園、停車場、茶水亭、洗手間和更衣室，是當時香港較為標準化的運動場。

除了硬件配置，社福機構亦陸續到黃竹坑開設辦事處提供服務。1974 年，保良局在黃竹坑開辦托兒園替區內居民照顧小童，以便居民到工業區工作。同年，香港小童群益會進駐黃竹坑邨開辦兒童中心及圖書館，定期舉行興趣小組和大型康樂活動。1977

5.8

香港仔運動場

年，香港青年協會在黃竹坑邨第 10 座開辦青年中心。1979 年，黃竹坑第 10 座騰出八個單位開設一所大型庇護工場，從事塑膠花和玩具加工等工作。

1977 年，警務處於黃竹坑邨第 5 座對出的空地開設分局。廉政公署亦於黃竹坑新邨內開設分局，服務整個南區，即石澳、赤柱、淺水灣、壽山村、黃竹坑、鴨脷洲、香港仔、石排灣、田灣、華富和薄扶林。另外，郵政署於 1975 年在黃竹坑邨第 4 座開設分局，提供一般郵遞服務，並附設一部 24 小時服務的售郵票機，方便邨內居民使用。

清拆黃竹坑邨

　　2000 年，房屋委員會公布「整體重建計劃」，計劃在五年內清拆香港 155 座公共房屋，黃竹坑邨亦在清拆之列。事實上這時候的黃竹坑邨樓齡已經超過 30 年，樓宇結構老化，清拆重建是合理的決定。2003 年，房屋署開始為黃竹坑邨居民登記調遷其他公屋，並派發小冊子介紹有關計劃及設立 24 小時詢問熱線，讓居民更了解建重建計劃的安排。

　　在黃竹坑邨安排清拆的同時，房屋署已經展開石排灣邨的重建工程，正好為黃竹坑邨的居民提供就近調遷的方便。石排灣邨工程分兩期推行，先後於 2005 年及 2007 年竣工。石排灣邨有八座大廈，共有 5,275 個單位，但不足以完全接收從黃竹坑邨調遷而至的居民。房屋署於是將石排灣邨原來的兩座居屋 —— 碧綠樓和碧蔚樓轉為公屋，以滿足黃竹坑居民調遷的需求。

　　為了使搬遷行動順利完成，房屋署邀請區內人士共同商討執行方案。房屋署最終決定實施「自選單位計劃」，安排黃竹坑居民到石排灣邨參觀，並於參觀前一個月以抽籤形式決定選擇單位的先後次序。2005 年，黃竹坑邨居民向香港賽馬會借用了一部攪珠機，在邨內學校操場舉行抽籤手續，其中長者擁有優先選擇權。抽籤完畢後，房屋署安排居民乘坐專車到石排灣參觀，並在選擇單位前約一星期向居民派發資料，如自選單位計劃須知、單位圖則、面積和租金等，讓居民有更充足的準備。另外，房屋署考慮到黃竹坑邨有超過三成居民是長者，為免他們對搬遷感到憂慮與不安，於是與民政事務處、社會福利署及區內志願人士組成「長者搬遷協調小組」，協助長者搬遷及安撫他們的情緒，並在搬遷完畢後協助他們

2007 年黃竹坑邨正式關閉

適應環境和認識社區。

　　2007 年房屋署封邨前夕，黃竹坑邨的居民得到南區區議會的贊助和石排灣耆老聯誼會的支持，在屋邨空地舉辦了一個名為「告別黃竹坑有緣再聚嘉年華盆菜午宴」活動，筵開 80 席，正式告別黃竹坑邨。最終，黃竹坑邨有近九成的住戶遷往石排灣邨，另有少數住戶因交通問題而搬至其他屋邨。房屋署亦向受影響的住戶派發搬遷津貼，由三千多元至八千多元不等，住戶亦可享有一個月免租期。黃竹坑邨則於 2009 年完成清拆工程，原址轉為香港鐵路南港島綫的車廠。

6 休憩與娛樂

　　過去逾 30 年間，黃竹坑給人的印象先是林立的工廠，然後是人口密集的公共屋邨。不過，早於 1922 年，政府的計劃是將黃竹坑發展成度假別墅區。事實上黃竹坑臨近濱海，既擁有大片平地又受群山包圍，是一個天然的度假勝地。後來這裡果然吸引不少商賈名流發展休憩與娛樂事業，其中最負盛名的有香港鄉村俱樂部、珍寶海鮮舫、香港仔遊艇會以及後來居上的海洋公園。黃竹坑亦因此漸漸成為市民和遊客的必到之地。

香港鄉村俱樂部

　　1947 年，滙豐銀行的法律顧問鍾斯（J. R. Jones）向領事代表提議開辦鄉村俱樂部。但當時香港正在努力重建受戰火摧殘的社會，加上政治局勢不穩，開辦俱樂部的申請自然未能得到政府的支持。1959 年，鍾斯和志同道合者成立組織，再次向政府申辦鄉村俱樂部。這時候香港局勢大定，政府亦大力推動社會建設，於是同意批出黃竹坑南朗山一地興建鄉村俱樂部。1961 年，香港鄉村俱樂部有限公司正式於新巴黎農場（即今海洋公園低座的位置）對面成立，為港島南岸增添了一個高級的休憩會所。

　　鄉村俱樂部成立之後，吸引了不少華人和英美人士加入，會員之中也有少量德、日、葡裔人士。鄉村俱樂部雖然由西人提出

1960 年代香港鄉村俱樂部

6.2

························

早年香港鄉村俱樂部泳池

成立，看起來也像一種西方的玩意，但最初登記的 600 名會員之中，華人竟然佔了差不多一半，可見這鄉村俱樂部確實受到本地人士的歡迎。事實上，鄉村俱樂部開辦了短短兩年之後，事務已經繁忙到要增加委員會人數以分擔工作。1980 年，鄉村俱樂部會員已經超過 1,600 人，幾乎是創會時的三倍之多。1960 年代初，鄉村俱樂部委員會決定聘請一批懂華語的員工，以協助會務運作，遂於本地和外地如馬尼拉、胡志明市等的報章上刊登聘請廣告。當時有部份員工來自黃竹坑舊圍，大多是年約十多歲的小孩，他們主要負責「騎波」，亦即做球僮。

鄉村俱樂部的主建築是一座白色大樓。大樓的外面是草坪、泳池、網球場和停車場；大樓裡面的大客廳安置了沙發、咖啡桌和電唱機，連接著一個面向深水灣的露台。大樓設有餐廳、麻將室和橋牌室，還有四條滾球槽的保齡球室。一如其他在殖民地時期建立的會所，鄉村俱樂部也有一些會員必須遵守的規定：下午七時後，會員必須衣飾端莊方能進入會所大樓；男士的標準服裝是整套西裝，女士則須穿裙子，否則一概不招待。

為應付日漸增加的會員數目，鄉村俱樂部逐步增加大樓的設施。1963 年增設餐廳和司機等候亭，1969 年又加建了兩個壁球場等。從 1982 年至 1990 年之間，鄉村俱樂部全面改善設施，涉及大小工程共九項，包括重修電子服務、加建入口、加設健身會和多功能室、改善游泳池、翻新員工房、冷藏庫和各類型的大樓設施。工程完成後，鄉村俱樂部煥然一新，繼續在南區提供優質的會所服務。

6.3

1990 年代香港鄉村俱樂部全景

6.4

香港鄉村俱樂部今貌

珍寶王國

　　香港仔是香港島的主要漁港，這裡除了漁船之外，也有香港其他漁港難得一見的海鮮舫。早年除了太白海鮮舫外，還有一艘性質相同的海鮮舫，名為「漁利泰」。漁利泰本來是傳道船，自 1940 年起兼營漁民結婚禮堂的生意。戰後漁利泰正式成為漁民禮堂，但生意難為，船主於是將船隻改裝成為招待食客的海鮮船。現時深灣的海面有一個珍寶王國，是由珍寶海鮮舫和太白海鮮舫組成的著名景點。

　　太白海鮮舫始建於 1950 年，由太白包辦筵席老闆、香港仔平

6.5

1960 年代漁利泰與太白海鮮舫

園酒家老闆和中環大景象酒家廚師等合作經營。太白海鮮舫規模不大，沒有配置消防設施；早期有富裕的漁民在船上設宴，搭建俗稱「歌堂」的表演平台，於是海鮮舫又俗稱「歌堂躉」。後來生意日漸興隆，船主於 1961 年斥資建造新太白海鮮舫。新船長 150 呎，船樓高兩層，採用宮殿式設計；舊船則遷至青山繼續營業。第二代太白海鮮舫為遊客服務了三十多年後，因不能應付客人的需求，船隻需要擴充及翻新，又升級成了現時第三代的太白海鮮舫。

　　當年香港仔還有一艘著名海鮮舫，名為「海角皇宮」，於 1957 在香港仔內港避風塘興建，由酒店旅業鉅子歐林及有經營海鮮舫經驗的何斌祥、葉龍等投資，並於次年開幕。海角皇宮以北京頤和園石舫為藍本建造，全長約 120 呎，闊約 40 呎，是香港紳商歡宴的好去處。

　　到了 1960 年代末，香港仔殷商黃志強等人見海鮮舫生意可為，於是投資興建一艘龐大的海鮮舫，名為「珍寶海鮮舫」。珍寶海鮮舫以鋼鐵製造，全長 226 呎，闊 50 呎，深 11.6 呎，上蓋有中式瓦頂，儼如巨型宮殿。珍寶海鮮舫原定於 1971 年 11 月開幕，不幸於接近完工的 10 月 30 日發生火警。更不幸的是，當時船內欠缺防火設備，施工期間又囤積了大量易燃物品，於是失火後即迅速蔓延，轉眼之間整艘海鮮舫付諸一炬。大火發生時船上約有 234 人，其中 30 人喪生，是香港戰後有數的海上大災難。

　　火災之後，珍寶海鮮舫的投資者一直未能籌集足夠資金修復船隻。1972 年 7 月，何鴻燊、鄭裕彤及羅兆章等合資 2,000 萬元重建珍寶海鮮舫。1976 年 8 月，珍寶海鮮舫重建竣工，於同年 10 月 19 日在香港仔西避風塘開幕，迅即成為香港仔的新貴。1978 年香港仔展開填海工程，珍寶海鮮舫、太白海鮮舫和海角皇宮海鮮

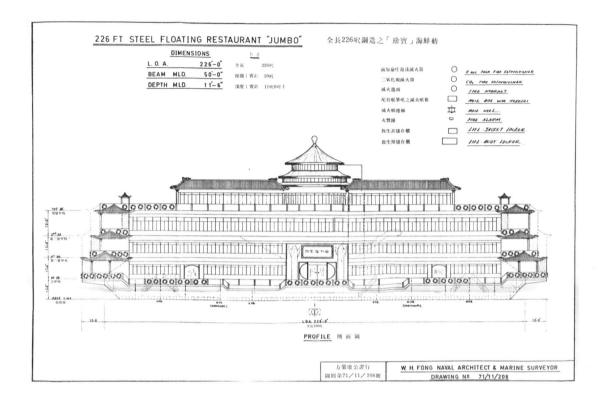

6.6

....

珍寶海鮮舫構造圖

6.7

1971 年 10 月，珍寶海鮮舫大火。

舫遷往深灣的海中心停泊，並於黃竹坑深灣海傍設碼頭安排免費駁艇，接載客人來往海鮮舫。

　　1970 年代，海鮮舫的海鮮大多來自香港仔的漁民，最受歡迎的主要有龍蝦、紅斑、冧蚌和黃腳鱲等。當時香港仔交通並不發達，海鮮舫的主要客戶大都是南北行和黃竹坑工廠區的老闆，外地遊客只佔少數。儘管如此，海鮮舫常予人金碧輝煌和豪華壯麗的感覺，氣派十足，且別具風味，甚得外國元首政要及荷里活明星的垂青，英女皇伊利沙白二世及影星伊利沙白·泰萊和威廉·荷頓等都曾是座上客。到了 1980 年代，海鮮舫生意日益興旺，每晚都座無虛席，高峰期更一晚有多達 2,000 名遊客到來享用佳餚。當時日本經濟蓬勃，國民消費力強，海鮮舫的食客中尤以日本遊客為多。

6.8

英女皇也曾在
海鮮舫作客

　　1980 年，珍寶海鮮舫收購太白和海角皇宮兩艘海鮮舫，正式統一香港仔的海鮮舫飲食業務。1991 年，海角皇宮易名「珍寶皇宮」，並於 2000 年遷往馬尼拉經營。2003 年，新濠國際發展有限公司將珍寶和太白兩艘海鮮舫重新設計和裝修，合稱為「珍寶王國」。珍寶王國包括海鮮餐廳、品茗閣、名酒廊、海鮮燒烤市場、漁村博物館和紀念品店。

　　時至今日，海鮮舫的海產不再由香港仔的漁民提供，轉而從泰國和菲律賓等地以空運入口。近年香港仔的交通也較以前大為便利，海鮮舫的客源變成以遊客為主，大多是來自中國內地、印尼和韓國等地。除了遊客之外，海鮮舫也是香港仔、黃竹坑及鴨脷洲的社區團體和街坊組織的宴會場所。現時珍寶海鮮舫是主船，客滿才開放太白海鮮舫，以節省資源。

6.9

珍寶海鮮舫碼頭

夜幕低垂下的珍寶海鮮舫

香港仔遊艇會

　　1962 年，一班熱衷於遊艇的漁民於黃竹坑深灣組成香港仔遊艇會。1967 年，遊艇會正式註冊成立香港仔遊艇會有限公司。翌年，政府將水警警署對面的一小塊空地和水域劃為遊樂場地契約，遊艇會隨即向政府申請在該處興建會址。香港仔遊艇會總面積達 24,500 平方呎，設有泊船及吊船設施、游泳池、嬉水池、壁球場、遊戲室、餐廳、酒吧等。

　　香港仔遊艇會的會員大多是船主，擁有帆船、摩托艇和快艇等不同的船種；另一類會員主要是水手。1971 年，遊艇會接手管理香港摩托艇和滑水俱樂部（Hong Kong Motor Boat and Water Ski Club），會員人數隨即大增。遊艇會成立初期，偶或舉行不定期比賽，由參賽者自行組織及安排活動。1971 年，遊艇會首次舉行有組織的遊艇友誼賽，共有九名參賽者作賽。遊艇會與附近熨波洲的香港皇家遊艇俱樂部志同道合，雙方長期維持良好的關係。

　　香港仔遊艇會早年只有 22 英尺的潘多拉遊艇和少量 28 英尺的大班遊艇（Taipans）；至 1970 年末則以 30S 和 33S 雅馬哈遊艇最為流行。隨著時代改變，今日則以 40 英尺和 50 英尺的遊艇為主。另外，遊艇會的比賽類型亦變得多元化。自 1985 年起，遊艇會每年舉辦「ABC 四山賽」。賽事源於英國的三山賽，目的是為證明香港的馬拉松實力與英國不相上下。參賽者須在 36 小時內根據比賽路線上山下海，完成比賽。近年舉辦的四山賽更提供多種比賽路線供參賽者選擇。

 6.11

香港仔遊艇會今貌

海洋公園

　　香港因海上貿易而建城，而且三面環海，海洋資源豐富；在這城市開設一個以海洋為主題的公園是理所當然的事情。海洋公園的創立可追溯至 1955 年。當時香港一批熱愛海洋研究的人士公開提出興建海洋水族館，並且引起了香港旅遊協會的注意。1959 年，香港大學漁業研究組開始草擬水族館的藍圖、功用和經費，社會人士亦漸漸關注起這計劃的發展。1965 年，香港旅遊協會、農林處漁業研究組和市政局合作研究設立水族館事宜，並於次年向政府遞交報告。1967 年，政府接受報告的建議，以私人契約方式免費批出土地興建海洋水族館。旅遊協會進一步提議於水族館加入娛樂設施，以增加吸引力。1971 年 5 月，香港賽馬會答應負責海洋水族館全部約一億五千萬港元的興建費用，以及組織非牟利機構「海洋公園有限公司」（Ocean Park Limited），並於次年展開繪製圖則及啟動「海洋公園」興建計劃。

　　海洋公園的選址自然要位於海濱地區，地理條件和交通配套都要考慮。黃竹坑南朗山面向南中國海，地勢高低錯落，自成一角，是建設水族館的理想位置。這裡的山腳位置建有一所新巴黎農場，實際上是帶有公園風格的農莊，說明南朗山的地脈與公園有緣。新巴黎農場的主人謝德安是賭業鉅子何鴻燊的五姐夫，多少解釋了農場以文娛為主的取向。農場以中國風格建造，處處展示中國的傳統生活、文化和歷史。農場的最大特色是設有稻田，並且安排水牛示範耕作；又有展示中國藝術和手工的店舖；另外也設有寺廟、花園、露天燒烤場、中樂廳、麻將屋、中式餐廳、蠟像館等。農場亦飼養不同種類的稀有動物供遊人觀賞，例如飛鼠、駝鳥、美

1976 年建設中的
海洋公園

洲獅子猴、孔雀、大蟒蛇等。1956 年，政府收回農場部份土地，以擴充農場附近的垃圾棄置用地。1971 年，政府為興建海洋公園，決定收回新巴黎農場所有土地。

1974 年，海洋公園委託新昌營造廠有限公司負責興建工程，包括興建海洋館珊瑚池和相關設施、海洋動物表演館、浪潮館、海水儲水池和相關設施、纜車站、酒家，以及整理工地、通道及渠務等。園內的架空纜車由意大利公司承建，工程於 1974 年 12 月動工。架空纜車系統設有兩條纜索，每條索纜負擔 120 個客艙；客艙設有自動門裝置以防艙門在運作途中打開。整個纜車系統每小時能接載 5,000 名乘客。

海洋公園的規劃分為兩部份：位於入口處的低座稱為黃竹坑花園，位於半山的高座則稱為南朗山山頂公園；兩個園區以架空纜車連接。公園內設有珊瑚缸、海洋劇場、造波水槽等，展示各式各樣的海洋生物，如珊瑚礁、海豹、海豚、海鳥和海獅等。為確保水質潔淨，海洋公園建造了水庫為海水消毒。除了動物觀賞設施，公園內亦設有教育園，低座就有一個供小朋友學習動物知識的餵飼區。這裡飼養了多種動物如羊、駝馬、兔子、大袋鼠和鸚鵡等，讓小孩子寓學習於娛樂。另外，園內亦提供研究海洋生物的設施，部份研究成果可以供遊客參考。

1977 年 1 月 10 日，海洋公園開幕，翌日起一連四日招待香港的慈善團體和無經濟能力買票入場的市民，合共 20,000 人到園內遊覽。1 月 15 日海洋公園正式對外開放，開放的時間是平日上午九時至下午七時，星期六、日及公眾假期則由上午九時開放至下午九時。公園的入場費是成人十五元，小童七元；遊客可以自由參觀黃竹坑花園和乘搭纜車進出南朗山山頂公園。另外，公園提供團

6.13

自 1980 年代中起，海洋公園提供多元化的遊樂
設施，已成為本地旅遊熱點之一。

體入場優惠，小學團體入場券為每位學童三元，而中學團體入場券則為每位學生五元。只遊覽黃竹坑花園不登山的遊人可以用成人五元、小童二元的票價遊覽花圍的「自由動物場」、「水瀨塘」、「雀鳥天堂」、「瀑布花園」等。

自開幕以來，海洋公園深受市民及遊客歡迎。1982 年，公園開始計劃擴建，將公園範圍延伸至南朗山下的大樹灣，並在該處興建第二個入口及建設一條長 71.5 米，是當時世界最長的自動登山扶手電梯，方便遊客來往山頂的園區。此外，公園在黃竹坑花園增建水上樂園，內設浪灣水池、沼湖、滑水道及滑水池。山腳附近加建兒童探險樂園，內設碰碰車、吊橋和飛天車等。南朗山上則興建碰碰船、過山車、飛天輪等遊樂設施，吸引不同年齡的遊客。同年，政府批出大樹灣 17 公頃土地予海洋公園發展，至 1984 年中擴建工程全部完成。

1987 年 7 月 1 日，海洋公園脫離賽馬會，正式成立獨立法定機構「海洋公園公司」（Ocean Park Corporation），由獨立董事局經營管理；董事局成員全數由港督委任，任期一年。海洋公園隨即利用賽馬會捐贈的二億元儲存基金及利息，推行新的發展計劃，包括興建蝴蝶溫室、集古村、鯊魚館、太平洋科學中心和海洋世界，以及擴建水上樂園和兒童世界。另外，海洋公園亦致力向社會各界宣揚保育意識，邀請學生參加教育遊蹤活動，了解魚類、植物、蝴蝶和雀鳥的生活。

香港回歸後適值亞洲金融風暴爆發，海洋公園的經營遇上重大困難。1999 年，公園全年只有 310 萬人次入場，較回歸前的 1996 至 1997 年度減少 110 萬人次。公園於是決定推行樂園設施改善工程，包括改建水上樂園為「海洋奇觀」，提供海洋動物予旅

6.14

1990 年代
水上樂園設施

6.15

1990 年代
集古村與自
動登山扶手
電梯

客觀賞；增設海豚館，開辦帶有海港風情的飲食購物中心和激流之旅。同年，公園興建大熊貓園，引入「安安」和「佳佳」兩隻國寶熊貓，一時成為市民和遊客熱切期待的主題景點。儘管如此，財困問題仍未得以全面解決，公園唯有於 2000 年提高入場費，藉以減少虧損。

　　2004 年，海洋公園決定聘請一間專門設計主題公園的美國顧問公司重整公園，徹底改變營運方式，目標是將海洋公園發展成世界級主題公園。計劃分為低座和高座兩部份：前者是以觀賞為主的「海濱樂園」，後者則是充滿動感的「高峰樂園」。海濱樂園設有三個主題區，分別是「夢幻水都」、「雀鳥天地」和「威威天地」。高峰樂園則有「海洋天地」、「冰極天地」、「動感天地」和「熱帶雨林天地」。除了傳統的架空纜車外，還增建登山纜索鐵路系統，

6.16

海洋列車大大增加了遊客在海洋公園內上下山的流動性

名為「海洋列車」，方便遊客往來高、低二座。工程落成後，海洋公園的入場人次不斷攀升，於 2011 年 8 月更創下 90 萬人的單月入場人次紀錄。2012 年，海洋公園獲得由國際主題公園及遊樂園業界人士評審的「全球最佳主題公園」大獎。同年，海洋公園公布新一輪擴建工程計劃，包括興建水上樂園及配套設施，以及主題酒店，以保持公園的吸引力和新鮮感。

7 商貿區

　　半個世紀前，黃竹坑的地貌因工業的興盛而發生轉變；半個世紀後，黃竹坑的地貌又因工業的式微而再次轉變。1980 年代香港的工業生產北移，工廠的數目陸續減少，黃竹坑工業區亦不例外。

7.1

2001 年黃竹坑
全景

根據差餉物業估價署的記錄，1999年黃竹坑區內工廠大廈的空置率為8%，個別工廈更高達50%，較全港工廈平均空置率的20%為高，説明黃竹坑的工業家對時代的轉變有極其靈敏的反應。令人意想不到的是，黃竹坑在工業退場之後，卻在香港產業轉型的大環境中迎來新的機遇。事實上無論黃竹坑未來如何發展，都不可能回到工業時代的面貌。因此，政府為黃竹坑重新設定發展的方向，以零售業、藝術產業及飲食業配合區內著名的旅遊景點，打造出新的南區經濟活動中心。

黃竹坑商貿區的
規劃狀況

2001年，城市規劃委員會公布將黃竹坑工業區內約8.3公頃工業用地改為商貿用途，並由2003年起批出多項黃竹坑商貿區的酒店發展項目，包括華懋集團的黃竹坑道55至57號地皮、協成行及恒基地產的黃竹坑道19至21號地皮、新鴻基地產的香葉道8號萬興工業中心和黃竹坑道50號的大華鐵工廠、長江實業的香葉道原維他奶集團工業地皮，以及會德豐地產的英美煙草大廈等。

城規會考慮到土地用途的轉變會直接改動黃竹坑的觀感，於是為新建築物的高度設定新的限制。2006年，城規會以黃竹坑道為分界，訂明南北兩地的建築物分別以120米和140米為高度限制，以減少工廈重建對區內的影響，使黃竹坑的新貌與香港仔的漁港景色融為一體。

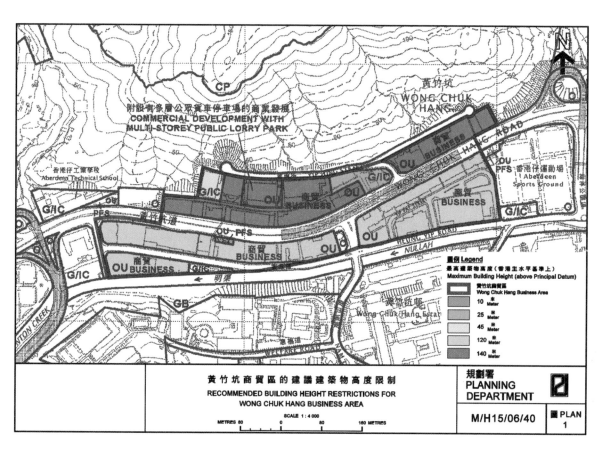

 7.2

黃竹坑商貿區規劃圖

 7.3

黃竹坑架空天橋

黃竹坑的交通配套

交通配套是政府推動黃竹坑商貿區必定要解決的問題,否則轉變土地用途只會成為空談。早在 1998 年,政府於黃竹坑道及南朗山道交界開始興建一條長 550 米、雙程雙線行車的架空天橋。雖然天橋順利於 2001 年正式通車,但黃竹坑由來已久的交通擠塞問題卻未能徹底解決。2006 年,黃竹坑工廠區的商家向工商及科技局主要官員反映,指出區內的交通問題減低發展商的投資意欲,並窒礙酒店業和其他行業的發展。政府當然明白,黃竹坑的地理條件根本不容許再用任何方法在地面解決交通的問題,轉向地下發展是必然的出路。結果行政長官於《二零零七至零八年施政報告》中,提出興建南港島綫(東段)以連接金鐘至海怡半島,並於 2007 年 12 月批准香港鐵路公司初步規劃及設計有關工程。港鐵計劃是黃竹坑商貿發展得以成功的保證;可以預見,黃竹坑的地貌亦會隨著港鐵通車而發生翻天覆地的改變。

港鐵計劃的南港島綫(東段)全長約七公里,以中型鐵路系統興建,連接金鐘和南區,車站包括海洋公園、黃竹坑、利東以及海怡半島。另外,計劃以黃竹坑邨原址為維修車廠的選址,車廠上蓋可以興建 14 座住宅,提供共約 4,700 個單位。根據估算,通車後往來金鐘和海怡半島只需時約九分鐘,大幅度縮減了從港島北岸到南區的交通時間。港鐵的載客量亦預計於 2016 年達到每天 17 萬人次,這是在南區歷史上任何運輸方式都無法達到的效果。

2011 年 5 月,政府終於通過整項計劃的法定、撥款和行政程序。為使工程順利開展,港鐵分別於鋼線灣段、海怡半島段、利東段、黃竹坑段、春坎山段和海洋公園成立社區聯絡小組,向公眾提

7.4
....
興建中的港鐵黃竹坑站

7.5
....
港鐵南港島綫（東段）

供施工進展和交通安排等資訊，並接收市民的意見。各社區聯絡小組每三個月召開一次聯席會議交換意見及情報，以提升下一階段的工作質素。

香港市民都知道，興建港鐵必定是一次先苦後甜的經歷。南港島綫（東段）施工期間，香港仔和鴨脷洲地區採取了臨時交通安排，包括改變黃竹坑香葉道的行車方向、關閉南朗山巴士總站、設置金寶花園臨時巴士站等。一如既往，港鐵公司為受影響的居民提供交通及路線重組的諮詢服務，盡量減少工程對居民的身心影響。

香港仔消防局暨救護站

從計劃公布到施工，南港島綫（東段）進展大致順利；金鐘站夏愨花園工地、南風隧道工地、香港仔區內工地、鴨脷洲區內工地以及黃竹坑的鐵路維修車廠的工程，正全面趕工。預計 2017 年南港島綫（東段）可全面通車。

　　從黃竹坑土地用途的改變到港鐵南港島綫（東段）的落實，在政府的全盤規劃下，黃竹坑將會成為南區的市中心。除了改動工廈、拆遷黃竹坑邨，政府在南風道興建香港仔消防局暨救護站以取代原來位於黃竹坑道的香港仔消防局。新局於 2012 年落成啟用，不但可應付區內未來的轉變，亦特設纜車救援訓練設施，以配合當區的特殊需要。另外，政府也在鄰近新會商會陳白沙紀念中學的多用途社區會堂預留位置，作為未來黃竹坑市中心郵政局的地址，以配合黃竹坑日後多元商貿的發展。

活化工廈政策對
黃竹坑的影響

　　回顧黃竹坑近 20 年的歷史，雖然政府以快速的反應通過土地政策改變區內的產業結構，但從市場的反應看來，這過程絕非一帆風順。政府於 2006 年批出的十多個重建酒店項目，到 2009 年大部份仍然毫無動靜，而且無一宗達成補地價協議，更有部份發展商認為無利可圖而放棄興建。

　　2007 年，為改善工廠大廈的空置率，商界提出活化空置廠廈的方案。翌年，英國特許測量師學會香港分會向發展商收集意見，然後向政府提交活化工廈方案，並與政府有關部門研究可行性。方案內容包括於特定年期內改變工廈用途，以及按照發展地積比率來

計算補地價等。2009 年 10 月，政府正式發表活化工廈政策，並於 2010 年 4 月 1 日實施。計劃允許工廈在五年內重建，可以轉為寫字樓和零售店舖等商業用途；選擇不拆卸大廈的工廠，則須在三年內改裝整座大廈，亦可轉作其他用途如日間中心、娛樂場所等。在申請更改工廈用途方面，只要符合樓齡和地帶條件，即可免收改裝工廈所需的費用，以期加快工業區轉型。

活化工廈政策推出之後，馬上收到立竿見影的效果。華懋集團和大生地產為黃竹坑道 55 號至 57 號和香葉道 43 號的酒店項目補了地價，並展開改裝工程。有些發展商則將工廈活化作其他用途；嘉華集團將名下業發街 1 號的金寶大廈活化為創意工業大廈，目的在吸引各地的創意工業租戶。此外，也有發展商屬意發展單一業權工廈，用作售賣西式家俬和名牌，顧客對象以在南區居住或就學的外籍人士為主。還有更改成為寫字樓用途的活化，例如會德豐地產旗下的香葉道 2 號的計劃，期望利用活化工廈政策來減低補地價金額。

為了平衡地區的發展，政府規定黃竹坑區的活化工廈計劃不能發展為住宅，並去信發展商要求作出承諾以配合政策。政府亦設立網頁列出活化工廈的常見問題，並委託消委會加強有關的宣傳。政府亦保留隨時暫停違規工程的權力，以防止發展商將工廈改建為住宅。黃竹坑 39 號和 41 至 43 號偉晉中心一、二期曾有意改建為住宅，但被發展局斷然否決。計劃最終轉為發展酒店。

自 2001 年黃竹坑工業區轉型為商貿區，加上 2009 年推出的活化工廈政策，黃竹坑商貿區內的工廈逐漸轉變用途。截至 2011 年，黃竹坑商貿區內主要工廈的發展計劃如下：

原址大廈名稱	位置	地段號碼	發展商	批准年份	計劃進度
舊中巴黃竹坑車廠	黃竹坑道8-10號	香港仔內地段338號	中巴、太古	2005	土地契約為工業／貨倉用途，不可發展酒店。
香港仔工業大廈／黃竹坑工業大廈	黃竹坑道19-21號	香港仔內地段453號	協成行、恆基	2003	於2011年遞交開展建築工程通知。
華明工業大廈	黃竹坑道34號	香港仔內地段350號	嘉華	2007	於2010年修改土地契約條款為非工業（不包括酒店）用途，其辦公室發展之建築圖則亦於2011年獲批。
好景工業大廈	黃竹坑道33-35號	香港仔內地段155號	協成行	2003	土地契約為工業用途，不可發展酒店。
載思中心	黃竹坑道38號	香港仔內地段352號	香港興業	2007	於2010年修改土地契約為非住宅（不包括酒店）用途，於2011年遞交辦公室發展建築圖則，仍在審核中。
偉晉中心	黃竹坑道39-43號	香港仔內地段152號餘段，A分段及餘段及A分段第1小分段	永倡集團	2009	於2011年修改土地契約條款為非工業（包括酒店）用途，同年其酒店發展建築圖則獲批。
大華鐵工廠	黃竹坑道50號	香港仔內地段298號	新地	2003	於2007年修定土地契約條款為非工業（不包括酒店）用途，後於2011年遞交辦公室建築圖則，仍在審核中。

原址大廈名稱	位置	地段號碼	發展商	批准年份	計劃進度
一新工業樓	黃竹坑道55-57號	香港仔內地段283號	華懋	2003	於2004年7月完成土地契約條款為非工業（包括酒店）用途，酒店亦已完成。
金寶大廈	業發街1號	香港仔內地段309號	嘉華	2007	於2010年修改土地契約條款為非工業（不包括酒店）用途，其辦公室發展之建築圖則於2011年獲批。
萬興工業中心	業發街4號及香葉道8號	香港仔內地段360號	新地	2003	於2007年修定土地契約條款為非工業（不包括酒店）用途，後於2011年遞交辦公室建築圖則，仍審核中。
嘉雲中心	業勤街23號	香港仔內地段399號	和黃	2003	土地契約為工業／貨倉用途，不可發展酒店。
英美煙草（香港）有限公司	香葉道2號	香港仔內地段374號	會德豐	2004	於2010年修改土地契約條款為非工業（不包括酒店）用途，其辦公室發展之建築圖則亦於2011年獲批。
維他大廈	香葉道41號	香港仔內地段354號	長實	2004	於2010年修改土地契約條款為非住宅（不包括酒店）用途，後於2011年遞交辦公室建築圖則，仍審核中。
風行工業大廈	香葉道43號	香港仔內地段353號	大生地產	2004	其酒店發展建築圖則申請於2011年被否決。

資料來源：〈立法會十三題 —— 黃竹坑商貿區內已獲城市規劃委員會批准發展酒店計劃的現況〉（截至2011年5月）；各大報章。

GLOBAL TRADE SQUARE

7.7
環匯廣場是
黃竹坑近年
落成的甲級
商廈

　　現時黃竹坑商貿區有不少建設項目相繼落成，包括黃竹坑道 55-57 號的如心南灣海景酒店，黃竹坑道 21 號的環匯廣場、香葉道 2 號的 One Island South 及業發街 1 號的 The Factory 三個寫字樓項目，以及黃竹坑道 33-35 號的創協坊亦活化成功。香葉道 43 號和黃竹坑道 39-43 號即將發展成酒店，香葉道 41 號、黃竹坑道 38 號和黃竹坑道 34 號等亦將發展成商廈。上述成功轉型的個案，吸引了其他工廈的業主加入向政府提出活化工廈申請。最新的項目是 2011 年 9 月向城規會申請活化為酒店的黃竹坑道 64 號威發中心。隨著南港島綫通車和工廈大舉變身，黃竹坑將會成為香港一個新興而別具特色的商貿區。

 7.8

現時的黃竹坑商貿區，工廈與
商廈錯落有致，別具特色。

8 活化工廈

　　自 1980 年代起，香港工業陸續北移，黃竹坑區內的工廈也人去樓空，空置情況日益嚴重。為了善用資源，活化工廈以改易用途已是大勢所趨。當中，協成行重新發展好景工業大廈，將其改裝為商廈 —— 創協坊，正是其中一個十分成功的例子。

方樹泉家族與
黃竹坑的工業發展

　　方樹泉生於廣東東莞厚街鎮河田村，於 1927 年來港創業，在筲箕灣開設義德芝麻廠，並在香港仔闢地種植芝麻。1948 年，方

8.1

方氏家族成員與員工在筲箕灣義德芝麻廠合影

MEMORANDUM OF AGREEMENT.

Between Messrs. Y.W. Fong (Merchant) and Fong Shu (Merchant)
                                                 (Joint tenant - equal share)
of ......144, Main Street, Shaukiwan, East...

(herein referred to as "the purchaser") of the one part and the Director of Public Works

for and on behalf of the Governor of the other part *Whereby it is Agreed* that the

purchaser having been declared the highest bidder for the lot described in the fore-

going Particulars of Sale at the premium herein specified and having paid the

required deposit specified in General Condition No. 4 (the receipt of which is

hereby acknowledged) hereby agrees to pay the balance of the said premium and

to become the Lessee of the said lot upon and subject to the foregoing Conditions

and on his part to perform and abide by the said Conditions.

No. of Sale	Registry Number	Annual Rental	Amount of Premium at which Purchased	Signature of Purchaser
		$	$	
I	Aberdeen Inland Lot No. 155	594	51,680.00	Sd. Y. W. Fong (Merchant), 144, Main Street, Shaukiwan, East. Sd. Fong Shu (Merchant).

NOTE:—In the event of signature by an agent or attorney of the purchaser the conditions of clause 6 of the General Conditions must be observed.

Dated this 17th day of November, 1952.

M. I. De Ville
....
Witness to Signature of Purchaser.

THEODORE SORBEN
....
Director of Public Works.

W. R. N. Andrews.
....
Witness to Signature of Director of Public Works.

樹泉擴展業務，成立協成行經營中國土產貿易生意。可惜好景不常，幾年後韓戰爆發，聯合國對中國實施禁運，協成行於是轉向投資地皮發展工業。1952 年 11 月 17 日，方樹泉和長子方潤華在政府土地拍賣會上，以每平方呎二元聯名購入香港仔 155 號地段一幅面積約 25,840 平方呎的地皮，即今天的黃竹坑道 33-35 號。這是協成行第一幅購置的地皮。

方樹泉以實業興家，購入黃竹坑地皮的目的是興建工廠。1955 年，協成行在新建成的工廈成立力強橡膠廠股份有限公司，主力生產膠鞋。力強橡膠廠的最大股東是方樹泉和他兩名兒子方潤華、方漢華。為了提高產品質素，力強聘請了馮強橡膠廠的工程師加盟。全盛時期的力強，工廠的員工超過 400 人。

方氏家族與
香港仔街坊福利會

方樹泉來自傳統的中國家庭，待人接物恪守倫理道德的規範，並且十分贊同「取之於社會，用之於社會」的處世原則。他們父子同心，身體力行，將投資於香港仔和黃竹坑所賺得的金錢應用於社區建設上。方氏父子認為社區中心是聯繫群眾的重要機構，不但能為老人、青年、兒童提供各種服務，亦可以作為市民與政府之間的橋樑。方樹泉於是帶領子女和香港仔的地區友好，共同組織街坊會。1951 年 10 月，香港仔街坊福利會正式成立。1963 年，方樹泉首次出任街坊會的理事長，接著與兒子方潤華先後連續出任街坊會理事長達十年之久。1970 年代，政府批准方家於香港仔的芝麻園土地上興建街坊會大樓，作為永久會址，以持續推動黃竹坑、鴨

8.3

方樹泉在香港仔街坊福利會

 8.4

香港仔街坊福利會大樓前身是
方氏家族的芝麻園

1989 年香港仔
街坊福利會方樹
泉小學上課情況

鴨洲、香港仔,及至整個南區的社區服務。

方樹泉除了為社區提供服務,也不忘興學育才,提高南區子弟的文化水平。1964 年,方樹泉捐資在田灣邨 12 座天台興建小學,名為「香港仔街坊福利會方樹泉小學」。學校分上下午班,共招收 700 多名學生;每月學費四元,堂費一元。翌年 4 月,方樹泉捐助開辦一所托兒園,收容 70 多名幼兒,使當區的漁民和工人不必為了照顧年幼子女而放棄工作。托兒園每月向每位兒童收取 15 元費用,來自貧窮家庭的兒童則酌情減收。1990 年田灣邨重建,香港仔街坊福利會方樹泉小學結束教育南區子弟的光榮任務,遷至粉嶺華明邨,並由方樹福堂基金接管,易名「方樹福堂基金方樹泉小學」。

1990 年,華貴邨落成入伙;香港仔街坊福利會不甘後人,在邨內開辦老人服務中心提供康樂服務,又設兒童及青年中心為青少

年提供閱覽室。香港仔街坊福利會的計劃得到社會福利署的資助；方潤華亦以方樹福堂基金名義捐資 100 萬元予兩所中心作裝修費用。為答謝方氏家族的捐款，兩所中心分別命名為「方王換娣老人中心」及「方樹泉青少年中心」。2002 年，青少年中心轉型為青少年綜合服務中心，增設輔導邊緣少年等外展服務，易名「方樹泉青少年綜合服務中心」。翌年，社會福利署重整長者社區的支援服務，方王換娣老人中心因而易名為「方王換娣長者鄰舍中心」。

從力強橡膠廠到 好景工業大廈

　　1960 年代香港鞋業轉型，力強橡膠廠的業務由盛轉衰，工廠規模亦隨之收縮。協成行於是將工廠內的空置地方租予其他廠商營運，例如東方原子粒製造廠和同安漁網廠等。這時候黃竹坑工業區迅速發展，方家認為機不可失，決定結束橡膠廠生意並將工廠拆卸重建。

　　1980 年，新建成的多層工業大廈落成，名為「好景工業大廈」。好景工業大廈樓高 23 層，每層面積約由 4,500 呎至 16,000 呎，樓底高 10.5 呎。大廈大堂設有四部貨客電梯及多條樓梯；地下面向業勤街的出口位置設有樓底達 18 呎高的貨物起卸間。業勤街出口與黃竹坑道出口相通，方便往來。大廈 1 樓設有樓簷，4 樓和 17 樓設有專用平台。全座大廈設有防火喉、滅火器、泵房、水箱和廁所等設施，另外又有獨立水錶及供應全座大廈電力的火牛房。

　　香港工業北移之後，黃竹坑的工廠數目銳減，工廠大廈的空置情況亦日漸嚴重。黃竹坑離香港的商業中心地區較遠，無法吸引商

8.6

好景工業大廈的租售小冊子

界在區內開設寫字樓以填補工業租戶的流失。在這種環境下，好景工業大廈的租戶不斷減少，租金水平亦不斷下降，由每平方呎 20元一直降至 5-6 元。2012 年，好景工業大廈的空置率達 54% 之多，留下來的公司大多從事非主流工業，例如食品業、建築家具業和印刷業等。

2008 年，為了使大廈物盡其用，協成行與香港仔街坊福利會合辦「噴出彩虹」計劃，讓年輕人利用好景工業大廈發展塗鴉藝術。當時社會對塗鴉普遍存有負面的看法，認為是破壞公物的非法行為；協成行則認為這種街頭藝術具有正面的影響力，能讓青少年從中學習到正確的訊息，提升個人價值及擴闊社交圈子。

「噴出彩虹」計劃分為三個階段。第一階段先讓年輕人接受 36小時的塗鴉技巧學習課程和自我挑戰訓練營，讓他們了解塗鴉的歷史文化和正確技巧，再透過合作活動發揮他們的潛能，增強自信

8.7

「噴出彩虹」
計劃

心，建立人際網絡。第二階段則由協成行職員擔任社區導航員，帶領已學會塗鴉技巧的年輕人到好景工業大廈的後樓梯推行塗鴉美化工程。塗鴉的內容以尊重、夢想和回憶為主題，鼓勵公眾在面對生活困境和金融海嘯等困難時，仍然秉持團結和互相尊重的精神，並且攜手共創充滿希望的未來。協成行特別在大廈樓梯位置增設通風裝置，以減少塗鴉時釋出的油漆氣味。後來主辦單位發現樓梯空間有限，有礙施展塗鴉技巧，協成行於是開放一個面積達 5,000 平方呎的空置單位，讓年輕人盡情發揮所長。結果，這個特別的單位經過一輪塗鴉之後，逐漸變成了一個塗鴉中心。

在計劃推行期間，有部份年輕人選擇在夜深時分到大廈塗鴉，令家長感到困擾。為了消除家長的疑慮，香港仔街坊福利會與協成行特意推出第三階段計劃，並且擴大受眾的範圍，公開向社會及公

8.8

「噴出彩虹計劃」嘉許禮暨迎東亞運塗鴉作品展揭幕禮

眾人士分享塗鴉計劃的成果。在塗鴉美化工程完成後，主辦單位舉行「嘉許禮暨迎東亞運塗鴉作品展」，讓公眾到好景工業大廈參觀年輕人的塗鴉作品。到來參觀的家長和師長都被年輕人的創意所感動，並且改變了他們對塗鴉藝術的負面看法。

好景工業大廈的重生與
Genesis 創協坊的活化

好景工業大廈的藝術計劃雖然成功，但並沒有因此而改變大廈的命運。就在塗鴉的創意廣受讚賞的時候，政府發表《二零零九至一零年施政報告》，提出「活化工廈計劃」及各項相關配套措施。協成行認為這是另一次機遇，於是決定重新發展好景大廈，將工廈改裝成商廈用途，增加大廈的可用空間，並為大廈注入城市生活概念等元素。為此，協成行於 2010 年 5 月舉辦「活化好景大廈設計比賽 2010」，讓香港大學建築課程三年級或以上的學生，為大廈的未來發展出謀獻策。這次比賽一方面鼓勵大學生運用創意思維，另一方面又收到宣傳的效果，將好景大廈打造成為一座生氣盎然、環保簡樸，並且充滿藝術文化氣息的新意念商業大廈。

活化後的好景大廈命名為「Genesis 創協坊」，是一幢以平衡生活和工作為主題的商業大廈；樓高 22 層，其中 18 層為寫字樓，4 層為零售樓層，總面積為 240,000 平方呎。另外，大廈設有室內外會所，面積超過 10,000 平方呎，為租戶及員工提供放鬆身心的設施和場地。大廈命名為「Genesis 創協坊」，其實是期望大廈能肩負起培育設計界與藝術界人才的使命，同時又推廣快樂工作和精彩生活的訊息，使工作氣氛更奔放自由。事實上，工作和生

Genesis 創協坊內部設計

活平衡是時下商業運作的大勢所趨，這不但可以提升員工的工作動力、效率及質素，亦能夠引發員工無窮的創意。

創協坊的活化工程由香港建築及室內設計師何周禮出任工程總設計師，並由意大利室內設計師 Mr. Stefano Tordiglione 設計地下大堂及四樓會所。創協坊公用空間加入了大量 1970 年代的香港及意大利設計元素，以紀念好景大廈建成的年代；同時亦加強了建築物的功能，例如新增環保元素、鞏固大廈結構、加裝無障礙設施，以及提升機電設備及防火措施。為配合大廈推廣「快樂工作和精彩生活」的訊息，協成行特意將其中一組樓梯布置成「垂直畫廊」，在九層梯間不定期展示不同主題的畫作，供租客及公眾參觀。此外，協成行又於 2014 年 4 月舉辦勞斯萊斯車身設計比賽，廣邀香港及意大利設計師重新演繹這經典的豪華房車。冠軍作品成為創協坊地下大堂的一件風格獨特的裝置藝術，與大廈的活化理念相輔相成。

協成行不但活化了面目日漸模糊的工廈，又以嶄新方式延續企業行善的傳統。創協坊騰出約十分之一的樓面空間，以低於市值的租金出租予不同慈善團體。當中包括贊助「ADC 藝術空間計劃」，以創協坊 12 樓全層 10,254 平方呎作為本地藝術家的工作坊之用。計劃於 2014 年 11 月起動，協成行以首兩年呎租 5.5 元、第三至四年呎租 6.5 元及第五至六年呎租八元的價錢租予香港藝術發展局，再由藝術發展局租予本地藝術家，租用期為六年。除了香港藝術發展局外，協成行亦以特惠租金贊助其他非牟利機構，包括東華三院及香港青年協會。

2015 年 1 月，創協坊正式開幕啟用，不但為活化工廈展示了一個絕佳的範例，亦為黃竹坑往後的發展定下了新起點。

活化前後：好景工業
大廈與創協坊

8.11

創協坊開幕禮

總結：黃竹坑的過去與香港的明天

　　從人類活動的足跡算起，黃竹坑的歷史可以追溯至史前時期。雖然黃竹坑石刻的準確年代難以考定，但它與香港已知的其餘七塊石刻共同印證了香港文明的起點，應無異議。自信史以降，香港這片土地經常有住民進出，有的是過客，轉瞬他遷；有的在此建村立業，默默耕耘，而且世代延綿。曾以香港村見於史籍的舊圍在清朝乾隆年間建立，村民一直務農維生，孕育十數代人。早於 19 世紀初，當地村民已經與遠渡重洋而至的外國商旅、使者、船員交往，為這些客人補給糧食。香港開埠之後，政府將發展重心定於香港島北岸，這片南部小平原的獨特景色即成為洋人覽勝之地。有商人獨具慧眼，從山水之中參悟商機；其中一人擇地建儲水塘發展紙品廠，另一人盡用當地資源開發磚廠。這些早期工業或多或少改變了黃竹坑的地貌，也為當地的漁農經濟帶來一番新氣象。

　　多虧香港大老周壽臣，黃竹坑得以進入政府官員的視野。20 世紀初，這位在黃竹坑土生土長的原居民一方面說服政府在黃竹坑發展休憩用地；另一方面又身體力行，連同當時的社會翹楚創建香港仔兒童工藝院。這兩項構想意外地為日後黃竹坑的地區發展指示了可行的方向。就在同一個時期，天主教會無意中在黃竹坑落腳，竟然引發出深入工作的結果，最終肩負起香港仔兒童工藝院的管理工作，並且在黃竹坑的山崗上覓土興建華南總修院，支援華南一帶的傳教工作。

　　日治時期，黃竹坑大概因為資源匱乏人口稀疏，沒有承受到太多苦難，村民度日如常。戰後香港人口激增，不久爆發韓戰，禁運鎖港。香港轉口貿易一落千丈，經濟急需另謀出路，政府於是在香港島多處開發工業用地，黃竹坑地貌迅即改變。政府將黃竹坑海濱填海得來的少量土地出售，香島道頓時增添了十數座工廠，與涌尾河口一帶數以千計的艇戶和寮屋為鄰。除了工業用地，政府又在黃竹坑闢地興建警察訓練學校和專治肺癆病的葛量洪醫院，連同天主教會設立的安老院，為 1950 年代的黃竹坑注入了新的社區元素。

　　1956 年政府公布香港仔發展大綱圖，從此徹底改變了黃竹坑的地區面貌與人文風景。政府在這裡仔細規劃了工業區、政府用地、住宅區及休憩用地等不同土地用途，黃竹坑於是成為當時香港由工業帶動發展的市鎮之一。此後半個世紀，黃竹坑這份大綱圖逐步多元發展。在全盛時期，區內有約 40 幢工業大廈，每天有成千上萬的工人上下班。與工業區一街之隔的黃竹坑邨是這些工廠的勞動力來源。在人口增加、經濟發展之後，多種公私文娛項目相繼進駐黃竹坑，當中珍寶海鮮舫和海洋公園更是名聞海外，為港爭光。

　　按照香港仔發展大綱圖，這地區發展的高峰應該是開通連接黃竹坑和港島北部的香港仔隧道。不過，人算不如天算，香港的經濟再次因為大陸局勢的轉變而起伏，黃竹坑的命運又面臨另一次重大的考驗。自 1980 年代起，香港工業陸續北移，黃竹坑的廠商聯手在內地闢地設廠，導致區內的工廈人去樓空。踏入 21 世紀，政府重新為黃竹坑定位，改易工業區為商貿區以配合全港推行的活化工廈政策，又用鐵路將黃竹坑連接至港九新界，再次為黃竹坑帶來翻天覆地的轉變。

　　今日的黃竹坑既有百年古村，又有新式商廈；既有私人會所，

又有全球旅客慕名而來的旅遊勝地；既有名校、醫院、療養院，又有服務整個南區的社區設施。黃竹坑從香港島的後花園蛻變成帶動南區發展的火車頭，並即將為這區帶來更富傳奇色彩的明天。

參考資料

政府刊物

《《城市規劃條例》（第 131 章）香港仔及鴨脷洲分區計劃大綱核准圖編號 S/H15/29》（香港：立法會，2014）

《促進南區的可持續旅遊發展：黃竹坑及其周邊地區的角色研究報告書》（香港：香港大學城市規劃及環境管理研究中心，2007）

《南區區議會工作報告》（香港：南區區議會，1981-2011）

《政府當局就「活化工廈」提供的文件》（香港：立法會房屋事務委員會長遠房屋策略小組委員會，2013）

《珍寶海鮮舫火災事件調查委員會報告：一九七二年》（香港：政府印務局，1972）

《黃竹坑商貿區建築物高度限制公眾諮詢報告》（香港：規劃署，2006）

Aberdeen and Ap Lei Chau outline development plan (Hong Kong: Govt. Printer, 1966)

Estate property 1978 (Hong Kong: Research & Planning Division, Housing Authority, n.d.)

Administration's letter on progress update on matters arising from the Rail Merger Bill, Information Note on (i) Land Use Planning in Southern District and (ii) Projected Patronage of South Island Line (East) and Assessment of Impact of South Island Line (East) on Other Public Transport Modes (Hong Kong : Transport and Housing Bureau, 2008)

Administration's paper on capacity and loading of MTR trains (Hong Kong:

Transport and Housing Bureau, 2014)

Annual Departmental Report 1975-1976 (Hong Kong: Hong Kong Post Office, 1976)

Hong Kong Blue Book (Hong Kong: Government Printer, 1871-1940)

Hong Kong Government Gazette (Hong Kong: Government Printer, 1842-1941)

Hong Kong Sessional Papers (Hong Kong: Government Printer, 1884-1940)

Schedule of amendments to draft Aberdeen & Ap Lei Chau outline zoning plan no. LH15/36D made by the Town planning Board under the Town Planning Ordinance (Cap. 131) (Hong Kong: Town planning Board., n.d.)

香港政府歷史檔案館檔案資料

HKRS41-1-8160. "Primary School Education for Boat Children at Aberdeen – Provision of" 06.09.1954 - 23.09.1954.

HKRS41-1-10009. "Floating Squatters at Aberdeen – Fire Hazard."11.02.1960 - 13.07.1960.

HKRS58-1-12-23."Inland Lot 73, Aberdeen Paper Mill – Forwarding Application as to the Raising of the Reservoir Dam." 01.05.1897 - 05.05.1898.

HKRS58-1-94-25. "Aberdeen Paper Mills – Application for Licence to Carry on the Trade of Rag Picking and Rag-Storing on Aberdeen Inland Lots Nos. 70, 71, 74 & 75." 07.07.1920 - 10.12.1920.

HKRS58-1-156-1. "Finance – Miscellaneous Expenditure – D.O. North."10.02.1930 - 22.03.1930.

HKRS70-1-148. "Housing, Low-cost-Wong Chuk Hang Low-cost Housing Estate." 09.03.1964 - 06.10.1969.

HKRS70-3-520. "Roadworks, Hong Kong – Wong Chuk Hang Road."

HKRS70-3-619. "Staunton Creek, Aberdeen."

HKRS70-3-741 . "Tunnel, Aberdeen to Happy Valley."

HKRS70-6-5-1. "Aberdeen Development – NC+ DIB."1970-1975.

HKRS70-7-115-1. "Parks and Playground – Ocean Park – NC+DIB." 1973-1975.

HKRS70-7-115-2. "Parks and Playground – Ocean Park – ENCL."1972-1975.

HKRS70-7-169-1. "Police Training – Police Training School – Aberdeen – NC+DIB." 1969-1975.

HKRS70-7-573-1. "Tunnel, Aberdeen to Happy Valley-NC+DIB." 1973-1975.

HKRS70-8-8. "Aberdeen Tunnel – D+N." 1976-1979.

HKRS70-8-3217. "Ocean Park – D+N." 1976-1979.

HKRS156-1-654. "Quarters in Hong Kong Magistracy – Request for the Allocation of the – for Police Officers."10.05.1947 - 05.07.1949.

HKRS156-1-1376. "Aberdeen I.L. No. 152 – Application From the Hong Kong Building Service to Purchase an Area at Island Road Aberdeen." 26.07.1948 - 30.05.1951.

HKRS156-1-1611 . "Aberdeen Reclamation - 1. Proposals for - 2. Approved C.D. & W. Scheme No. D924 ." 08.04.1947 - 28.09.1953.

HKRS156-1-2178. "Little Hong Kong Lot 2040 - House 60 Old Village, Little Hong Kong- 1. Application for Cancellation of Re-Entry on - 2. Issue of an Annual Permit for -."21.09.1949 - 16.05.1950.

HKRS156-1-3155. "Aberdeen Inland Lot No. 155 – Application to Purchase an Area Adjoining to AI.L. No. 153, Island Road, Aberdeen for the Erection of a Factory for the Treatment of Sesame Seeds and Cassia." 05.12.1951 - 25.04.1955.

HKRS156-1-3424. "East Aberdeen, Shouson Hill and Brick Hill."22.05.1951 - 20.03.1952.

HKRS156-1-3891."Aberdeen I. L. No. 157 – Application to Purchase an Area at Aberdeen Adjacent to A. I.L. No. 151 for the Erection of a Factory."31.01.1953 - 14.08.1958.

HKRS156-1-5215. "P.G. Farm, Aberdeen – Application for the Grant of a Permit for the Occupation of Crown Land at Aberdeen for a New –" 18.09.1956 - 22.09.1970.

HKRS156-2-1332. "Industrial Sites (Wong Chuk Hang Rd.) - Sale of ... By Public Auction."14.12.1964 - 13.01.1965.

HKRS202-1-17-14. "Paper Mill at Aberdeen. - Nuisances at..."19.05.1906.

HKRS306-1-125. "Layout Plan of Aberdeen and Little Hong Kong (Hong Kong Planning Districts Nos. 15 and 16)."22.10.1965 - 23.07.1965.

HKRS337-4-517. "Home for the Aged (AIL 171) - Application from The Little Sister of the Poor for the Grant of Land at Aberdeen for a."13.05.1957 - 27.11.1975.

HKRS545-1-330. "Oceanarium 1967-86."15.08.1967 - 13.12.1986.

HKRS545-2-239. "Oceanarium 1987."10.04.1987 - 03.06.1987.

HKRS599-1-10. "Naming of A.I.L. 374 (Heung Yip Road)."24.12.1971 - 15.09.1973.

專著及論文

《2005 年「老有所為活動計劃」:「耆青共創美好回憶」之「黃竹坑邨舊日足跡」》(香港:中華基督教禮賢會萬隸甫夫人耆年中心,2005)

《香港仔工業學校 75 週年校刊 》(香港:香港仔工業學校,2010)

《香港仔工業學校建校五十週年金禧紀念特刊》(香港:香港仔工業學校,1985)

《香港年鑑》（香港：華僑日報出版部，1948-1991）

《掌握時代脈搏，拓建地區網絡：香港仔街坊福利會 60 周年》（香港：香港仔街坊福利會，2011）

《粵港澳大指南》（香港：出版資料不詳，1932）

方樹泉撰、方樹福堂基金秘書處編：《方樹泉回憶錄》（香港：方樹福堂基金秘書處，1982）

田英傑：《香港天主教掌故》（香港：聖神研究中心暨聖神修院校外課程部，1983）

江颿：《遊香港、識香港：香港旅遊指南》（香港：香港萬里書店，1987）

協成行：《租售好景工大廈小冊子》（香港：協成行，約 1980）

協成行：《好景大廈到 Genesis 的演化（2014）》（未刊稿，2014）

春華：《香港仔風情：港島南區八景介紹》（香港：風采出版社，2002）

胡偉雄編：《寮屋生活體驗計劃十周年特刊》（香港：香港路德會社會服務處路德會石湖社區發展計劃，2010）

香港仔遊艇會：《香港仔遊艇會賽事指引及資料概覽 2013》（出版資料從缺）

香港正文社編著：《香港旅遊全攻略》（北京：中國海關出版社，2003）

香港房屋委員會：《香港的公共房屋》（香港：香港房屋委員會，1976）

夏其龍、徐錦堯、張家興、阮美賢：《香港傳教歷史之旅 —— 艱辛的旅程》（香港：香港天主教香港教區福傳年跟進小組，2009）

夏其龍、譚永亮：《香港天主教修會及傳教會歷史》（香港：香港中文大學天主教研究中心，2011）

梁炳華：《南區風物志》（香港：南區區議會，2009）

湯漢：《與教區一起走過的日子（二）》（香港：公教真理學會，2002）

黃華輝：《公屋醜聞：一名記者的追查實錄》（香港：進一步多媒體，1999）

葉靈鳳：《香海浮沉錄》（香港：中華書局，2011）

劉智鵬、劉蜀永編：《《新安縣志》：香港史料選》（香港：和平圖書，2007）

鄭宏泰、周振威：《香港大老：周壽臣》（香港：三聯書店，2006）

蕭國健、沈思、文灼非：《香港島訪古遊》（香港：中華書局，1992）

蕭國健：《香港歷史點滴》（香港：現代教育研究社，1992）

魏白蒂：《說沉香、話香江：香港得名源流考》（香港：明報出版社有限公司，2014）

譚廣濂：《香港與華南歷史地圖藏珍》（香港：中華書局，2010）

饒玖才：《香港的地名與地方歷史上 —— 港島與九龍》（香港：天地圖書有限公司，2011）

Wright, Arnold, *Twentieth Century Impressions of Hong Kong*: *History, People, Commerce, Industries and Resources* (Singapore: Graham Brash, 1990)

A Handbook to Hong Kong Being a Popular Guide to the Various Places of Interest in the Colony, for the Use of Tourist (Hong Kong: Kelly & Walsh, limited, and at Shanghai, Yokohama and Singapore, 1983)

Aberdeen Industrial School: A Brief History (Hong Kong: Mercantile Printing Press Co Ltd, 1935)

Chow, Wai Tong, *Little Hong Kong – Wong Chuk Hang* (Undergraduate essay, the University of Hong Kong, 1959)

Davis, S. G., *Hong Kong in its Geographical Setting* (London: Collins, 1949)

Eitel, Ernest J., *History of Hong Kong* (Kila, Mont.: Kessinger Pub, 2008)

Hahn, Werner, and Barrett, Dean, *Aberdeen: Catching the Last Rays* (Hong Kong: Perennial Press, 1974)

Heady, Sue, *The Hong Kong Country Club: The First 30 Years* (Hong Kong: Hong Kong Club, 1992)

Lau, Cheung Chue, *A Regional Study of Wong Chuk Hang* (B.A. Thesis, The University of Hong Kong, 1965)

Li, Wang Fei, *Wong Chuk Hang* (B.A. thesis, The University of Hong Kong, 1955)

Meacham, William, *The Archaeology of Hong Kong* (Hong Kong: Hong Kong University Press, 2009)

Memorandum and Articles of Association of Lucky Rubber Manufacturing Company, Limited (31st August, 1955) (S.l: s.n., 1955)

Monks, Sarah, *Toy Town: How a Hong Kong Industry Played a Global Game* (Hong Kong: Toys Manufacturers' Association of Hong Kong, 2010)

Ocean Park Corporation Annual Report (Hong Kong: Ocean Park Corporation, 1986-2010)

Sayer, G.R., *Hong Kong, 1841-1862: Birth Adolescence, and Coming of Age* (Hong Kong: Hong Kong University Press, 1980)

The Aberdeen Boat Club (Hong Kong: the Club, 1976)

Time Horizon: 40 Years of the Aberdeen Boat Club (Hong Kong: PPC Co. Ltd on behalf of The Aberdeen Boat Club, 2007)

報章

《大公報》	《天天日報》	《文匯報》
《民生報》	《成報》	《明報》
《東方日報》	《信報財經新聞》	《星島日報》
《香港工商日報》	《香港商報》	《香港華字日報》
《香港經濟日報》	《都市日報》	《華僑日報》
《新報》	《頭條日報》	《蘋果日報》

口述歷史訪問

余立勳校長訪問紀錄，2013 年 11 月 11 日。

袁兩光先生訪問紀錄，2013 年 11 月 11 日。

馬月霞女士訪問紀錄，2013 年 11 月 12 日。

鄺恩寶女士訪問紀錄，2013 年 11 月 19 日。

林鎮標先生訪問紀錄，2013 年 12 月 3 日。

陳國強先生訪問紀錄，2013 年 12 月 4 日。

楊建業先生訪問紀錄，2013 年 12 月 4 日。

羅炯森先生訪問紀錄，2013 年 12 月 4 日。

方潤華博士訪問紀錄，2013 年 12 月 9 日。

方文雄先生訪問紀錄，2013 年 12 月 9 日。

周達權先生訪問紀錄，2013 年 12 月 10 日。

林景鐸先生訪問紀錄，2013 年 12 月 10 日。

趙燕華修女訪問紀錄，2014 年 10 月 8 日。

網上資料

公司註冊處：https://www.icris.cr.gov.hk/（瀏覽日期：2015 年 6 月 16 日）

方樹福堂基金方樹泉小學：http://fsc.edu.hk/（瀏覽日期：2015 年 6 月 16 日）

古物古蹟辦事處：http://www.amo.gov.hk/（瀏覽日期：2015 年 6 月 16 日）

安貧小姊妹會：http://www.littlesistersofthepoor.org.hk/（瀏覽日期：2015 年 6 月 16 日）

協成行發展有限公司：http://www.hshd.com.hk/（瀏覽日期：2015 年 6 月 16 日）

東莞同鄉會方樹泉學校：http://www.tkfsc-school.edu.hk/（瀏覽日期：2015 年 6 月 16 日）

香港天主教教區視聽中心：http://www.hkdavc.com/（瀏覽日期：2015 年 6 月 16 日）

香港巴士大典：http://hkbus.wikia.com/（瀏覽日期：2015 年 6 月 16 日）

香港房屋委員會：http://www.housingauthority.gov.hk/（瀏覽日期：2015 年 6 月 16 日）

香港政府新聞網：http://www.news.gov.hk/tc/index.shtml（瀏覽日期：2015 年 6 月 16 日）

香港浸會大學基金：http://foundation.hkbu.edu.hk/（瀏覽日期：2015 年 6 月 16 日）

香港記憶：http://www.hkmemory.hk/（瀏覽日期：2015 年 6 月 16 日）

香港教區聖神修院：http://www.hss.org.hk/（瀏覽日期：2015 年 6 月 16 日）

香港滑水總會：http://www.waterski.org.hk/（瀏覽日期：2015 年 6 月 16 日）

香港鐵路有限公司：http://www.mtr.com.hk/（瀏覽日期：2015 年 6 月 16 日）

維他奶國際集團有限公司：http://www.vitasoy.com/（瀏覽日期：2015 年 6 月 16 日）

蔬菜統營處：http://www.vmo.org/（瀏覽日期：2015 年 6 月 16 日）

香港仔遊艇會：http://www.abclubhk.com/（瀏覽日期：2015 年 6 月 16 日）

鴻興印務集團有限公司：http://www.hunghingprinting.com/（瀏覽日期：2015 年 6 月 16 日）

圖片出處

香港地方志基金會：

1.1, 2.6, 3.2, 3.6, 3.11, 4.7, 4.8, 5.5, 5.8, 5.9, 6.9, 6.12, 7.3, 7.4, 7.7

南區區議會：1.3, 4.5

地政總署：7.1

政府新聞處：1.5, 1.6, 3.7, 5.2, 5.6

英國國家檔案館：2.2

高添強先生：2.3, 4.4, 5.7, 6.5

周達權先生：2.4

香港歷史博物館：3.1

香港歷史檔案館：3.9, 3.10

香港仔工業學校：3.3, 3.4, 3.5, 4.2

香港警隊博物館：3.8

安貧小姊妹會聖瑪利安老院：3.12, 3.13, 3.14

嘉嘉得飲食有限公司：4.6

黃竹坑天主教小學：5.4

香港房屋署：5.10

香港鄉村俱樂部：6.1, 6.2, 6.3, 6.4

香港消防處：6.7

羅炯森先生：6.8, 6.10

海洋公園：6.12, 6.13, 6.14, 6.15, 6.16

香港規劃署：4.1, 7.2

香港鐵路有限公司：7.5

協成行發展有限公司：8.1, 8.6, 8.7, 8.8, 8.9, 8.10, 8.11

香港仔街坊福利會：8.3, 8.4, 8.5

鳴 謝

個人

方文雄先生

方潤華博士

余立勳校長

周達權先生

林景鐸先生

林鎮標先生

袁兩光先生

馬月霞校長

高添強先生

陳國強先生

楊建業先生

鄺恩寶女士

羅焗森先生

趙燕華修女

團體

地政總署

南區區議會

珍寶海鮮舫

香港中央圖書館

香港仔工業學校

香港仔街坊福利會

香港房屋委員會

香港政府新聞處

香港鄉村俱樂部

香港歷史檔案館

海洋公園

香港鐵路有限公司

英國國家檔案館

安貧小姊妹會聖瑪利安老院

香港消防處

香港規劃署

基業化工廠有限公司

新圍村互助委員會

嘉嘉得飲食有限公司

舊圍村互助委員會

香港警隊博物館